*Editions*
TRAJECTOIRE

**6 rue Régis 75006 Paris**
**Tél. 42.84.39.57.**



Imprimé en France

**MARIE DELCLOS**

# L'ASTROLOGIE EN 16 LEÇONS

*Editions*
TRAJECTOIRE

# Introduction

D'après la tradition judéo-chrétienne, l'astrologie remonte, non pas aux Grecs, mais à Adam. Autrement dit, au premier homme. Ce qui signifie que, dès que l'homme put se tenir debout, il s'intéressa aux signes inscrits dans le ciel. Puis, au fil des siècles, des millénaires et des dizaines de millénaires, il les observa, les nomma et les interpréta.

Il découvrit peu à peu que s'établissaient des rapports mystérieux entre le cours des astres et les événements sur terre, sur les saisons, sur l'agriculture, sur la fertilité, plus étonnant encore sur les variations de climat *(par exemple, sur les glaciations),* sur les épidémies, sur les civilisations et sur le destin des êtres en particulier.

C'est ainsi que peu à peu naquit et s'étoffa l'astrologie qui, à son tour, d'après la Tradition, donna naissance à la civilisation.

On construisit des temples pour observer le ciel et ainsi naquit l'architecture. On mesura le ciel et ainsi naquit la géométrie. On fabriqua des instruments pour viser les astres et pour calculer leur passage lorsque les nuages empêchaient la visibilité : ainsi naquirent les mathématiques et la technologie.

On nota que les astres tournent sur eux-mêmes et autour de la terre *(ou du Soleil, selon le point de vue considéré)* et ainsi naquirent les danses cosmiques, qui furent à l'origine de la danse en général.

Toujours d'après la Tradition, l'astrologie acquit son plus haut degré de connaissance, à une époque qui se situerait avant le grand déluge, celui qui mit fin à la dernière période glaciaire *(entre -10.000 et -9.000).* Après quoi, elle fut en partie perdue et ne put jamais, par la suite, retrouver son niveau d'autrefois.

Toutefois, elle reprit un certain essor et atteignit un certain niveau avec nos grandes civilisations mères : la Mésopotamie, l'Egypte, et l'Inde.

Lorsque, à la fin de l'ère précédente, disparurent ces grandes civilisations, lorsque furent fermés et détruits la plupart des temples, où s'étudiait l'astrologie, on assista à nouveau à une nouvelle période d'obscurité tant astronomique, qu'astrologique. Plus tard, les Arabes essayèrent de récupérer les débris de cette "science" perdue, et trois ouvrages parvinrent péniblement jusqu'à nous : l'"Astronomicon" de Manilius *(époque du Christ),* l'"Almageste" et le "Tetrabible" de Ptolémée *(2ème siècle de notre ère).* Point final. Ces textes n'étaient pas clairs, la moitié des clefs était altérée, mais personne, malgré les protestations des uns et des autres, ne chercha vraiment à les rétablir.

Aujourd'hui, alors que l'ère des Poissons *(celle du Christ)* arrive à son terme et que celle du Verseau *(le Nouvel Age)* se fait sentir, un certain nombre de chercheurs essaient de redonner à l'astrologie ses bases authentiques et de rétablir ses fondements.

La renaissance éclatante de l'astronomie, la publication des ouvrages anciens, la découverte des tablettes mésopotamiennes, le décryptage des hiéroglyphes et des plafonds des tombeaux égyptiens, la science des statistiques et... l'informatique le permettent enfin.

C'est sur ces bases retrouvées que repose cet ouvrage élémentaire d'astrologie; notamment en ce qui concerne le choix du zodiaque et celui du sens des maisons.

Ces choix vont peut-être vous surprendre mais avouez qu'il serait dommage de rester confinés dans l'erreur et de vous priver de l'efficacité retrouvée.

Un dernier mot avant de commencer.

De nos jours, il n'est pas nécessaire d'être astronome, mathématicien, ou prêtre, pour être astrologue. On peut monter, à la main, à l'aide de trois bouquins, un thème en neuf minutes avec une précision infiniment supérieure à celle des astronomes des siècles passés et en quelques secondes avec une petite calculette astrologique. Quant à la manipulation des éléments astrologiques, elle est facile à comprendre.

# Première Partie

## *Qu'est-ce que l'astrologie ?*
## *Ses principes*

## Leçon 1

# QU'EST-CE QUE L'ASTROLOGIE ?

***"L' astrologie est, d'une façon générale, la discipline de découverte, d'étude et d'utilisation des rapports constants qui existent entre, d'une part, l'état et les mouvements du ciel et, d'autre part, les événements ou processus terrestres".***

Malgré cette belle définition, l'astrologie, dont le nom signifie "science" ou "discours" des astres, n'est pas une science dans le sens moderne du mot. Elle est un savoir, un savoir né d'une mentalité différente de la mentalité scientifique contemporaine. Nos modernes savants, en effet, seraient incapables d'inventer" l' astrologie. D' ailleurs, la plupart du temps, l'astrologie leur donne des frissons d'indignation, oubliant que les fondateurs de l'astronomie moderne : Copernic, Tycho Brahé, Jean Képler, et Newton étaient aussi astrologues.

C'est que les hommes, autrefois, avaient d'une part un sens de l'observation de la nature plus exacerbé que le nôtre et, d'autre part, une sensibilité beaucoup plus aiguisée. Ils "sentaient", en quelque sorte, les influx subtils du ciel. Par exemple, les Hindous disent que leur anciens Maharishis *(Grands Sages, Grands Voyants)* avaient obtenu leurs connaissances non seulement par l'observation du ciel, telle que nous l'entendons aujourd'hui mais, également, par d'autres moyens plus subtils. L'art du yoga *(yoga signifie relier)* qui leur était familier, leur permettait de "voir" les choses dans leur réalité profonde.

L'homme est un être vertical qui se tient debout entre le ciel et la terre. Ses pieds sur la terre, sa tête vers le ciel, il est comme une antenne qui reçoit les flux célestes qui s'écoulent de sa tête à ses pieds et pénètrent dans le sol. Sous ses pieds se trouve un monde compact, bien matériel, à portée de sa main; au-dessus de sa tête, un monde impalpable mais auquel il est relié aussi sûrement qu'il est relié à la terre. ***(figure 1 page 10).***

Ainsi, par exemple, le chiffre normal des respirations d'un homme en 24 heures est 25. 920, nombre correspondant aux 25. 920 ans de la grande année des Anciens *(le temps que met le point vernal à faire le tour du zodiaque)*, le battement du pouls est de 72 pulsations par minute *(en moyenne)* en rapport avec les 72 ans de la précession *(le point gamma met 72 ans pour se déplacer de 1°).*

*Figure 1*

Autrefois, l'astrologue se mettait en contact directement avec le ciel. Il se mettait à l'écoute jusqu'à ce qu'il sente, en quelque sorte, vibrer en lui les différentes notes que lui envoie le ciel. Il en sentait les rythmes et ces rythmes chantaient en lui. C'est du moins ce que dit la Tradition. Pensez qu'en Mésopotamie il y avait un rituel qui consistait à enfermer les douze dieux ou génies des douze signes du zodiaque dans une sorte de grand tambour en airain, fermé par une peau de bœuf. Les douze dieux mystérieux étaient des figurines de bronze et le musicien qui faisait "parler" les douze dieux était un prêtre de haut rang, chargé de diffuser un enseignement traditionnel, réservé aux initiés. Une de ses mains levée à hauteur de son visage, il frappait de l'autre le tambour et faisait retentir le ciel sur la terre.

On serait bien en peine, à l'heure actuelle, de donner un son aux douze signes du zodiaque mais pour nous donner une idée des facultés de perception de nos ancêtres, nous pouvons nous référer aux maîtres incontestés des rythmes et des tambours que sont les Africains.

Pensons à Doudou, le grand batteur sénégalais "La nature, dit-il, est une musique. L'eau qui tombe, le vent dans les feuilles, une porte qui claque, une fenêtre qui grince, des moutons qui bêlent ou les silences de la chambre. Toute la vie est musique pour qui sait entendre." Le tambour pulse comme l'Univers. Il est un moyen de communiquer avec tout ce qui vit, dit encore Doudou.

C'est que l'univers tout entier pulse. Les rythmes de la Nature sont très complexes, ceux du ciel comme ceux de la terre puisqu'ils se répondent. Doudou ne dit pas que le tambour est facile : son maître lui a enseigné les rythmes les uns après les autres dans un ordre précis, lui expliquant le rôle de chaque tambour et les différentes façons de les frapper. Si bien qu'il connaît des rythmes par milliers. A chaque tambour correspond un rythme que l'on peut jouer de mille façons différentes, aussi faut-il des années de travail avant de passer d'un rythme à l'autre.

De la même façon, en astrologie, on étudie les tambours et les rythmes. Les tambours sont les planètes et les étoiles, qui ont leurs rythmes propres. Nous apprendrons le son et le rythme de chacun ainsi que leurs combinaisons.

Mais rassurez-vous. Bien qu'il y ait environ 1500 tambours en astrologie, il n'est pas nécessaire de les connaître tous : 46 suffisent - les 12 signes étoilés, les 12 signes saisonniers, les 12 maisons.et les 10 planètes.

Aujourd'hui, dans ses grandes villes en béton, l'astrologue ne voit plus le ciel et surtout ne le sent plus, mais il a d'autres atouts : son intelligence rationnelle, développée par l'éducation, et tous les moyens d'information et de calculs dont il dispose, dont ne disposaient pas nos ancêtres.

## Leçon 2

# LE PRINCIPE DE L'ASTROLOGIE : CE QUI EST EN HAUT EST COMME CE QUI EST EN BAS

L'astrologie recherche donc les correspondances entre les positions astrales et les mouvements des astres d'une part et ce qui se passe sur la terre d'autre part.

La recherche de ces correspondances, de ces relations entre ce qui se passe dans le ciel et ce qui se passe sur Terre, a conduit aux conclusions suivantes : ce qui se passe sur Terre est le reflet de ce qui se passe dans le ciel.

Et comme il n'y a pas de raison que la Terre soit un cas particulier, on tire la loi suivante : chaque point de l'univers reflète l'univers tout entier.

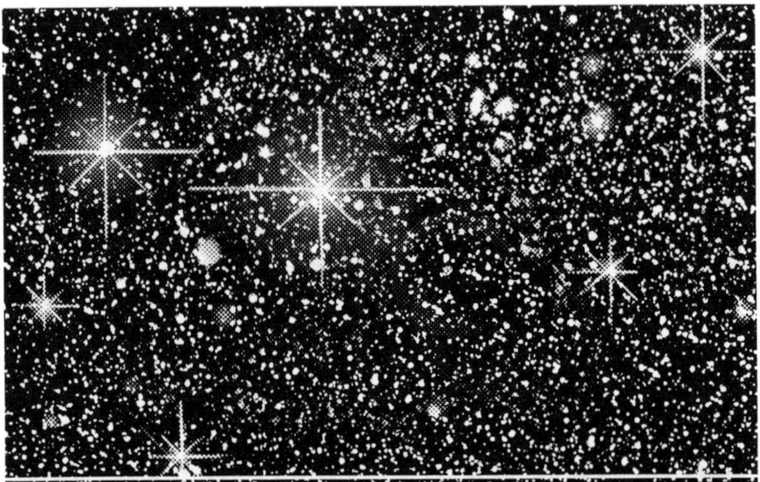

*Figure 1 : L'Univers est peuplé d'astres ou sphères célèstes qui tourbillonnent dans l'espace.*

Regardez l'Univers : il est peuplé d'astres ou sphères célestes qui tourbillonnent dans l'espace *(figure 1 page 14)*.

Chaque point de l'Univers reçoit les influences des astres qui, par rapport à lui, sont disposés tout autour de lui formant une sphère *(figure 2 ci-dessous)*.

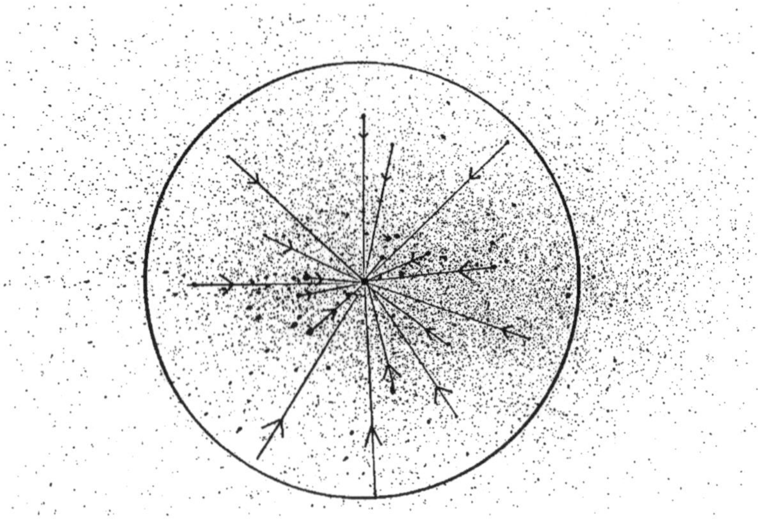

**CE POINT PEUT ÊTRE :**

- un objet céleste, une planète, une étoile ou même une galaxie qui peut être considérée comme un point par rapport à un ensemble d'amas galactiques,
- la Terre elle-même,
- mais aussi un point sur la Terre, une fleur, une maison, un caillou ou un être humain ***(figure 3 ci-dessous).***

***Ce point peut être :***
***- une sphère céleste; mais aussi : un point sur cette sphère, par exemple un volcan ou un caillou,***
***- la terre mais aussi un point sur cette terre : une fleur, une maison, un caillou ou.... un homme.***
***Car par rapport à l'immensité, par rapport aux sphères célèstes, notre planète, la fleur, l'homme c'est toujours un point qui reçoit tout autour de lui les influences cosmiques***

Car, par rapport à l'immensité, par rapport aux sphères célestes, notre planète, la fleur, l'homme, chacun de ces objets n'est qu'un point recevant tout autour de lui les influences cosmiques. ***(Voyez les figures 4, 5 ci-dessous).*** Cependant, tout petit que soit le point terre, pour le point homme, la Terre

*D'ailleurs, vous voyez : l'homme, la fleur, le caillou sont bien petits par rapport à l'univers regardez*

est plate et l'homme y est debout sur l'horizon. Aussi pour lui le Ciel est en haut et la Terre en bas. Quel que soit l'endroit de la planète où il se trouve, même si la Terre a un axe et donc est orientée, pour lui le Ciel est toujours en haut et la Terre en bas ***(figure 6 ci-dessous).***

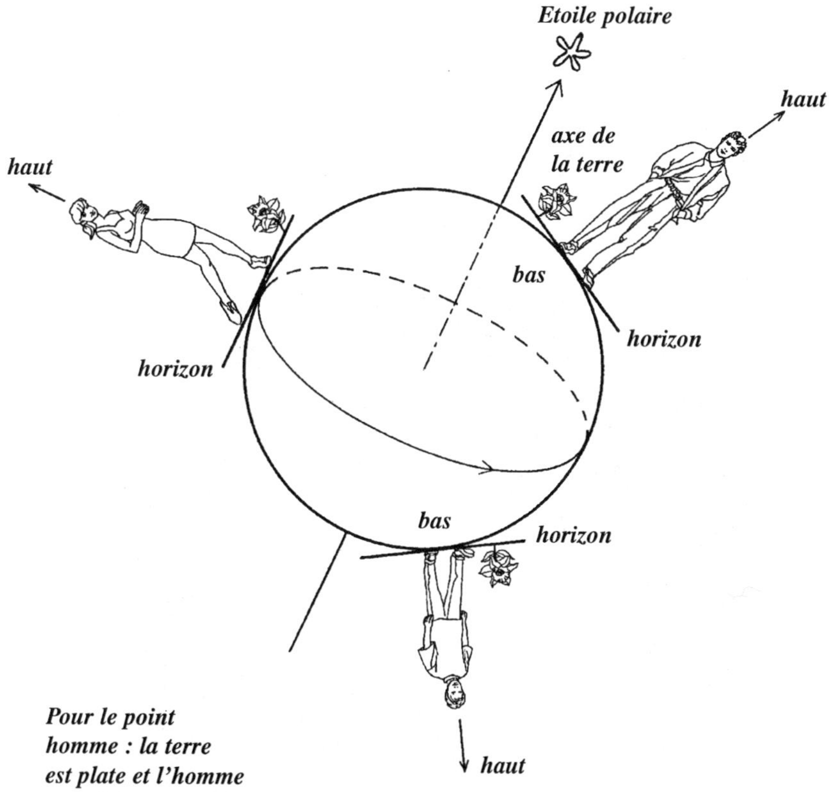


***Pour le point homme : la terre est plate et l'homme y est debout sur l'horizon. Aussi pour lui le ciel est en haut et la terre en bas, quel que soit l'endroit de la planète où il se trouve, même si la terre à un axe et donc orientée. Pour lui le ciel est toujours en haut et la terre en bas. Aussi au lieu de dire : chaque point de l'univers reflète l'univers tout entier, il dit : CE QUI EST HAUT (le ciel) EST COMME CE QUI EST BAS (lui, mais aussi la fleur, le caillou)***

Aussi, au lieu de dire : chaque point de l'Univers reflète l'Univers tout entier, l'homme dit : ce qui est en haut *(le ciel)* est comme ce qui est en bas *(l'homme mais aussi la fleur, le caillou).* Et il appelle ce qui est en haut le Macrocosme, ce qui signifie Grand Univers, et ce qui est en bas le Microcosme ou Petit Univers.

***Figure 7***

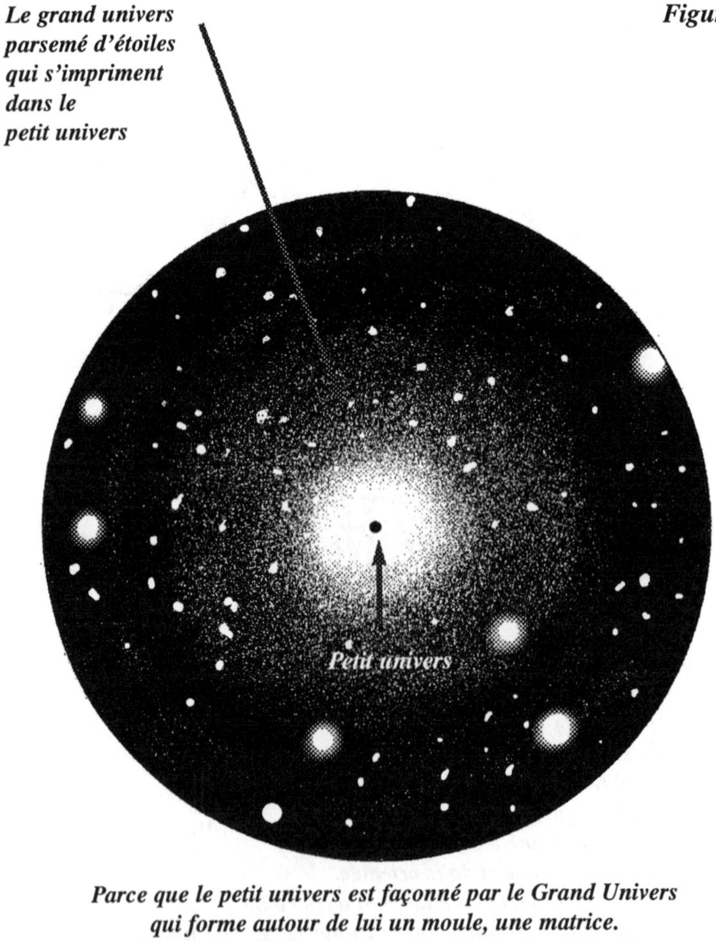


***Parce que le petit univers est façonné par le Grand Univers qui forme autour de lui un moule, une matrice. On dit que le grand univers est la matrice du petit univers***

Et enfin, d'une façon plus générale, il dit que le Ciel est le Macrocosme et l'homme le Microcosme.

*[Remarque : Cosmos vient du grec Kosmos qui signifie "ordre". Cosmos fut par la suite attribué à l'Univers qui, lui, signifie "qui tend vers l'unité". Le Cosmos est donc l'Univers organisé par rapport au chaos originel et ce cosmos forme un tout : l'Univers].*

Le Grand Univers est parsemé d'étoiles qui s'impriment, en quelque sorte, dans le Petit Univers, le façonnent, formant autour de lui un moule, une matrice. Pour cette raison, on dit que le Grand Univers est la Matrice du Petit Univers ***(figure 7 page 18).***

L'Univers s'imprime en lui comme un flash, véritable carte d'identité cosmique. Certains disent aujourd'hui que chaque point est comme un hologramme de l'Univers qui l'entoure.

Retournons à la Terre et à ses habitants. Tout petits qu'ils soient, les points sur la Terre par rapport au Grand Univers ne sont pas placés au même endroit.

Nous l'avons vu, tout ce qu'ils ont de commun c'est d'avoir la Terre en bas et le Ciel en haut.

Chaque ensemble, qui peut être considéré comme un point dans l'univers, est orienté par rapport à l'axe autour duquel il tourne, car chaque point tourne dans le même sens autour d'un axe. Et qui dit axe, dit pôles et équateur.

La galaxie tourne sur elle-même. Il en est de même du Soleil, de la Terre, de l'atome et de l'électron, les vitesses de rotation de tous ces corps étant proportionnelles à leur taille.

La Terre tourne sur elle-même autour d'un axe Nord-Sud qui l'oriente dans l'espace.

On différenciera les influences reçues au Nord et au Sud. Tout petits qu'ils soient, les éléments qui se trouvent sur ces sphères,

*Figure 8*

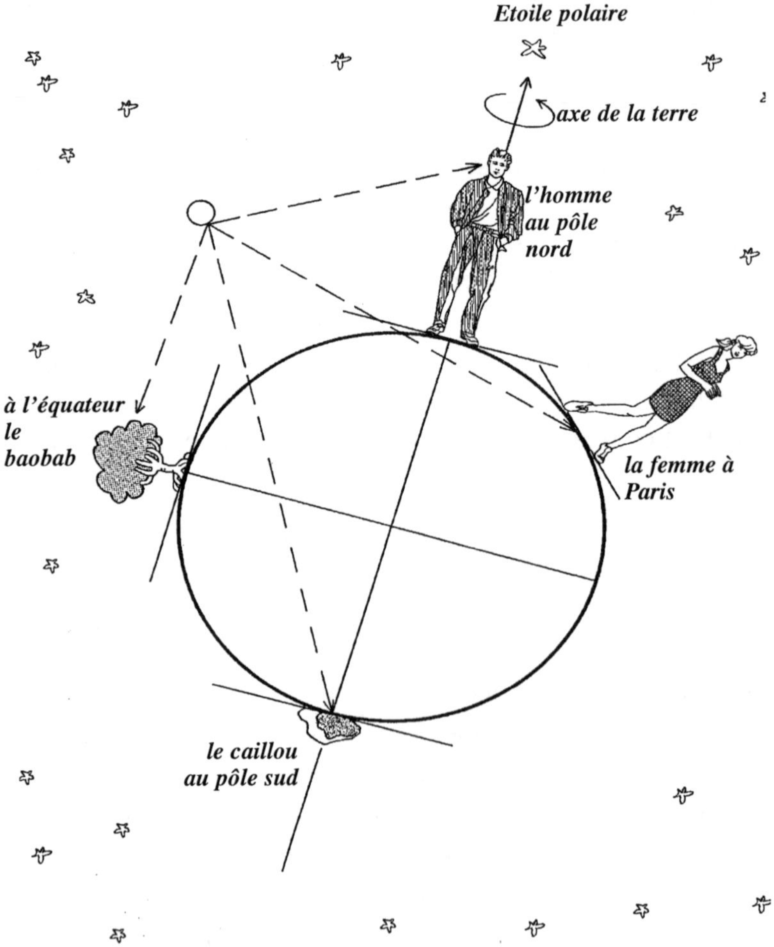
Etoile polaire
axe de la terre
l'homme au pôle nord
à l'équateur le baobab
la femme à Paris
le caillou au pôle sud

bien qu'ils ne tournent pas sur eux-mêmes, sont à leur tour orientés dans l'espace par rapport à leur propre organisme.

Ils ont un haut et un bas et un axe ***(figure 8 page 20)***.Vous voyez que le caillou, le baobab, l'homme, la femme sont orientés différemment par rapport à l'axe des pôles.

L'homme, situé au pôle nord, a le même axe que celui de la Terre, les autres ont des axes différents.

Par conséquent, ils ne reçoivent pas les influences astrales sous le même angle.

**Les angles sous lesquels ils reçoivent les influences astrales par rapport à l'horizon varient suivant leur place sur la Terre et l'heure qu'il est puisque la Terre tourne.**

Suivant l'endroit où nous nous trouvons sur la Terre, nous ne verrons donc pas le ciel de la même façon.

Il est évident qu'il sera différent selon que nous aurons la tête tournée vers le pôle nord ou vers le pôle sud ou entre les deux à l'équateur ou bien encore de travers *(façon de parler car nous sommes tous de travers par rapport à quelque chose)* si nous sommes à Paris.

**Nous sommes le long d'un axe perpendiculaire à notre horizon et, ce qui va nous donner notre destin, c'est la disposition de toutes les sphères célestes par rapport à notre orientation personnelle.**

En effet, selon l'endroit où je me trouve, je vais recevoir l'influence d'un même astre d'une direction différente. **L'astrologie est une affaire de directions angulaires.**

**Comme dans une loterie, il y a des tas de boules tout autour de nous et ces boules se mélangent les unes aux autres. C'est ce mélange qui va nous donner notre destin. C'est cela la loterie céleste.**

Si vous comparez le ciel de M. Dupont né dans l'hémisphère nord en février à 4h du matin avec celui de M. Raévoahangy né dans l'hémisphère sud à 22h vous voyez bien qu'ils n'ont pas au-dessus de leurs têtes les mêmes étoiles ***(figures 9, 10 ci- dessous)***. Ils n'auront pas le même destin.

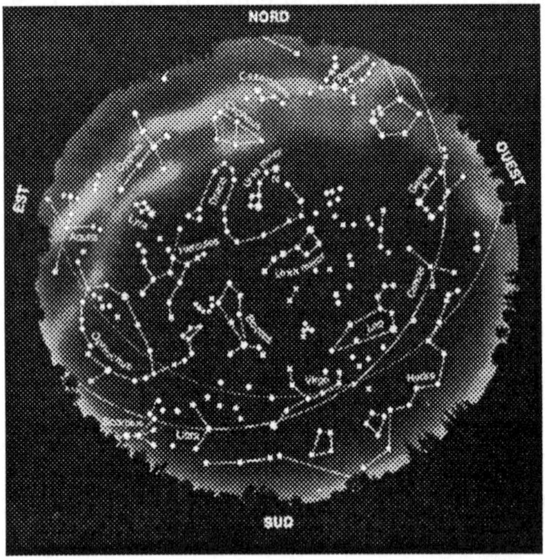


***Figure 9***

***Ciel de M. Dupont né dans l'hémisphère Nord en mi février à 4 h.***

***Figure 10***

***Ciel de M. Ravoahangy dans l'hémisphère Sud en mi février à 22 h***

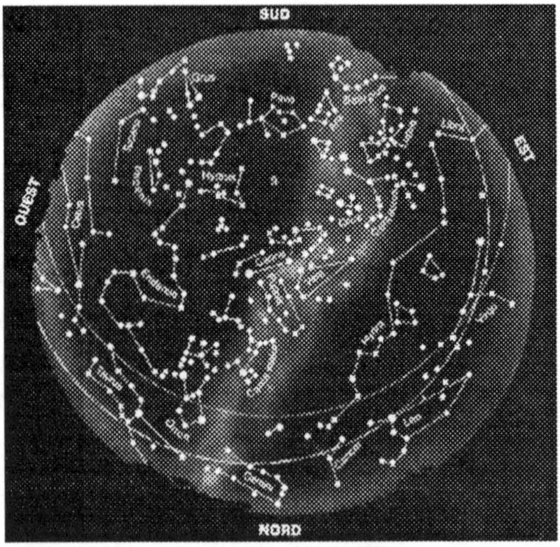

## Mais qu'est-ce que le destin ?

Le destin est ce qui est attribué à chacun, sa part, son lot.

Cette distribution peut être comparée à un jeu de hasard. Un peu comme si chacun recevait à la naissance un certain nombre de cartes, d'atouts. Et la main du donneur c'est le ciel. C'est pourquoi certains ont appelé les astres les doigts de la nature.

Mais voici les cartes ***(figure 11 ci-dessous)***.

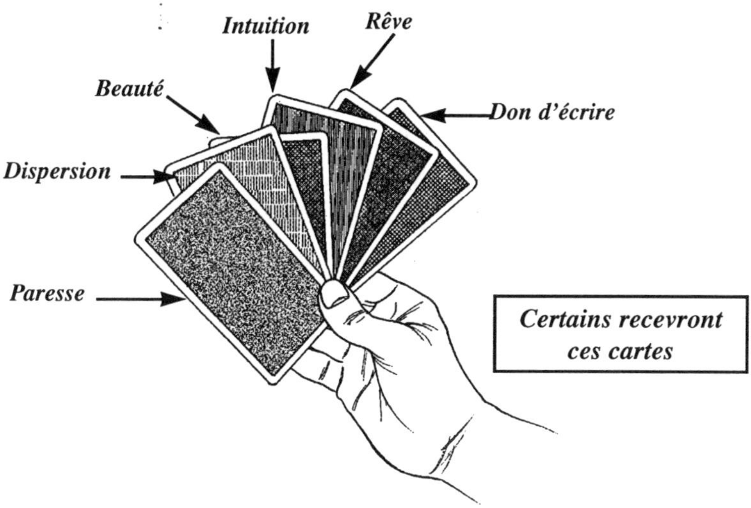


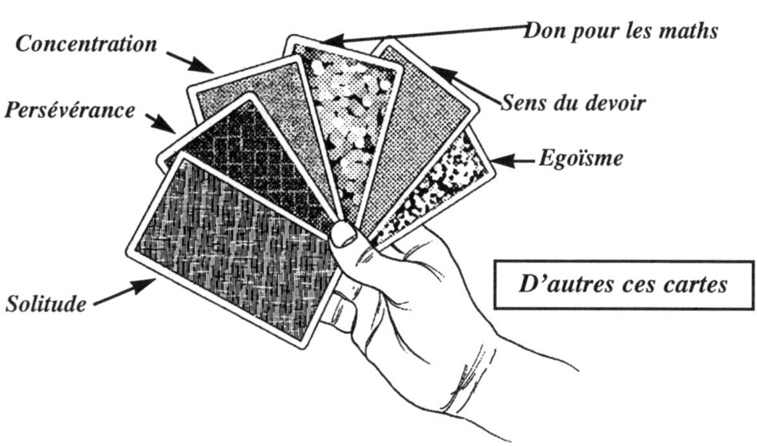

Le destin dépend donc du ciel. En astrologie, le hasard n'existe pas. Le mot français hasard vient de l'arabe "Az-Zahr" ce qui signifie "jeu de dés". Or, en hébreu le jeu de hasard se dit "Mis'hâq-Mazzâl" c'est-à-dire mot à mot "le jeu régi par la constellation".

L'astrologue doit donc apprendre à connaître le ciel. Aussi le premier fondement de l'astrologie c'est l'astronomie et en particulier la cosmographie, science qui décrit le système astronomique de l'univers.

Mais rassurez-vous, nous allons décrire essentiellement notre environnement cosmique, c'est-à-dire la sphère céleste qui nous entoure et, de cette sphère céleste, nous allons extraire la partie la plus énergétique : la bande qui la ceinture obliquement et forme, à elle seule, la roue de la loterie céleste; le zodiaque et les sphères célestes qui la parcourent, les planètes.

# DEUXIÈME PARTIE

## *Description des éléments constitutifs de la roue céleste : dix boules et trois séries de douze cases*

# Leçon 3

# LA SPHÈRE CÉLESTE ET SA GRANDE ROUE

## A. LA SPHÈRE CÉLESTE

Faisons un zoom sur la ***figure 7 (page 18)*** de la leçon 1. Cette figure nous montre le Petit Univers au centre du Grand.

Ce Grand Univers forme une sphère. Cette sphère, c'est la sphère céleste.

## PREMIER ZOOM
## (FIGURE 1)

Au centre, nous avons le système solaire encore considéré comme une petite tache.

Nous voyons que, par rapport à la sphère céleste, le Soleil et le Terre ne peuvent être distingués l'un de l'autre.

*Figure 1*

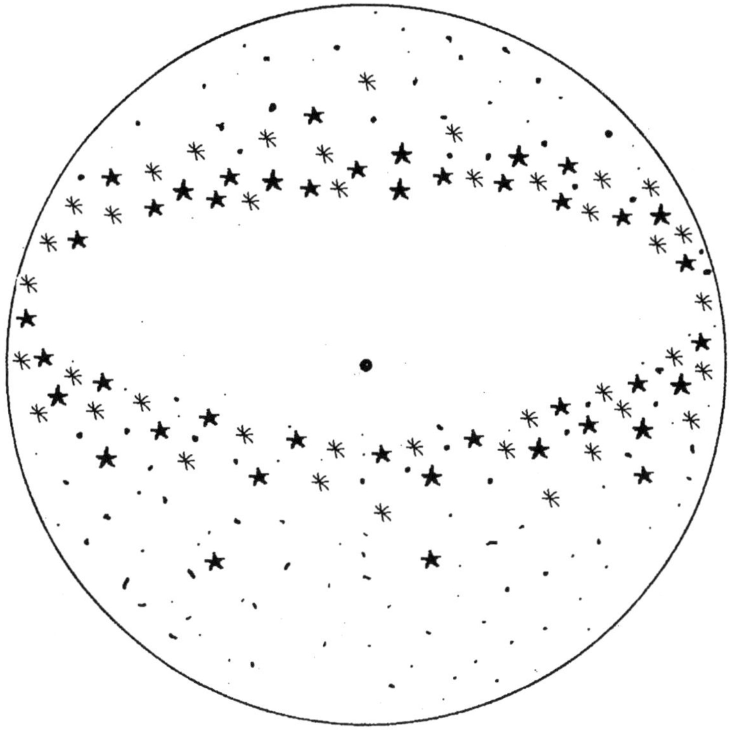

## <u>DEUXIÈME ZOOM</u>
## <u>(FIGURE 2)</u>

Nous distinguons le système solaire fortement agrandi *beaucoup trop grand en réalité par rapport à la sphère céleste.* Le Soleil est au centre.

La Terre tourne autour avec les autres planètes. C'est la troisième planète à partir du Soleil et elle est penchée sur son axe. On distingue la bande zodiacale.

Les planètes se projettent sur la bande zodiacale de part et d'autre de l'écliptique projection de la Terre.

***Figure 2***

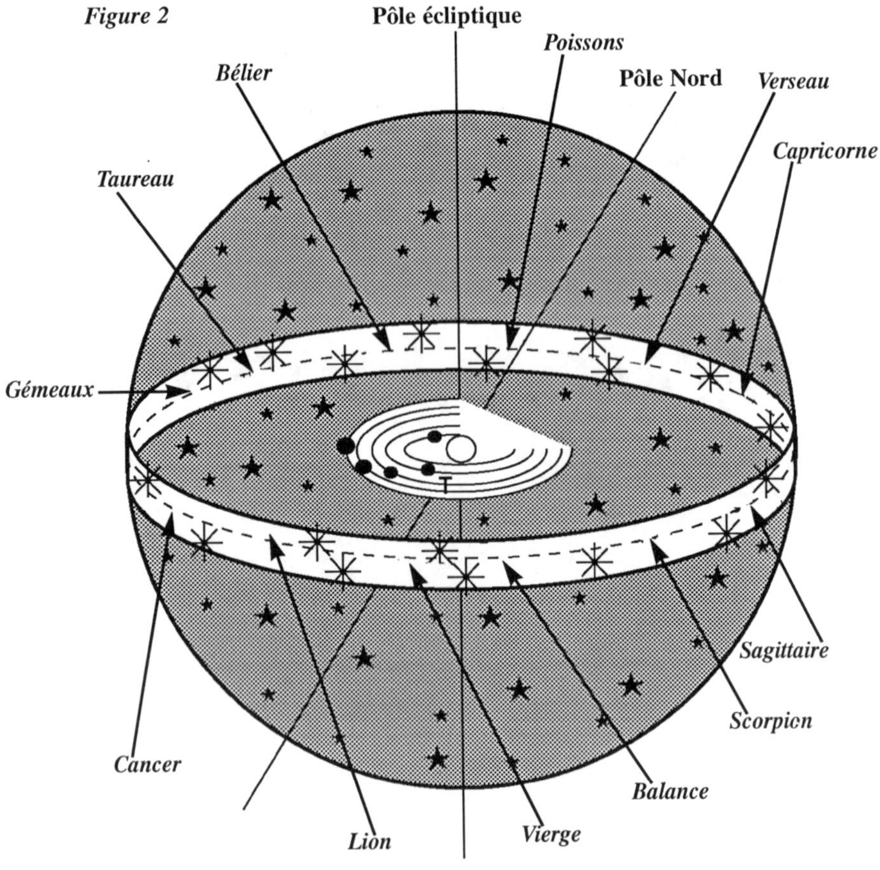

## TROISIÈME ZOOM
## (*FIGURE 3*)

C'est presque la même figure que la précédente, mais cette fois la Terre est au centre car, lorsque nous sommes sur la Terre, nous voyons le Soleil, la Lune et les planètes tourner autour de nous. Par rapport à l'immensité de la sphère céleste cela ne change rien.

***Figure 3***

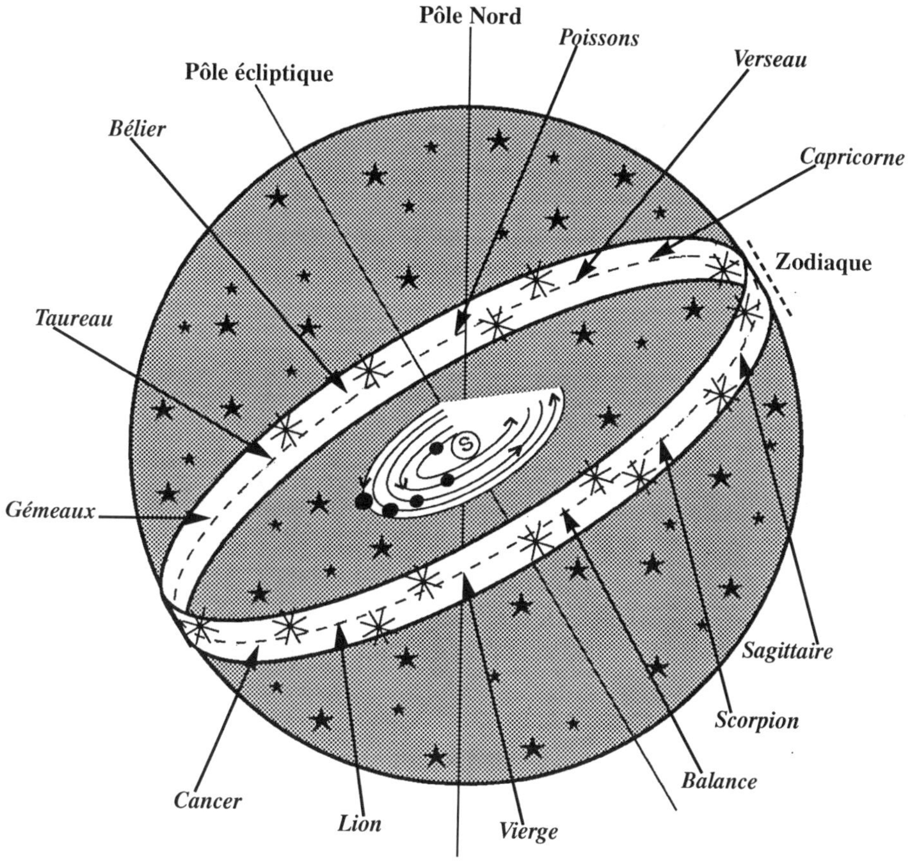

(Nous sommes passés de la *figure 4 à 5*). De plus, nous avons redressé notre sphère céleste de façon à avoir l'axe de la Terre bien droit. Du coup, c'est le plan du système solaire avec le zodiaque qui est penché.

*Figure 4*

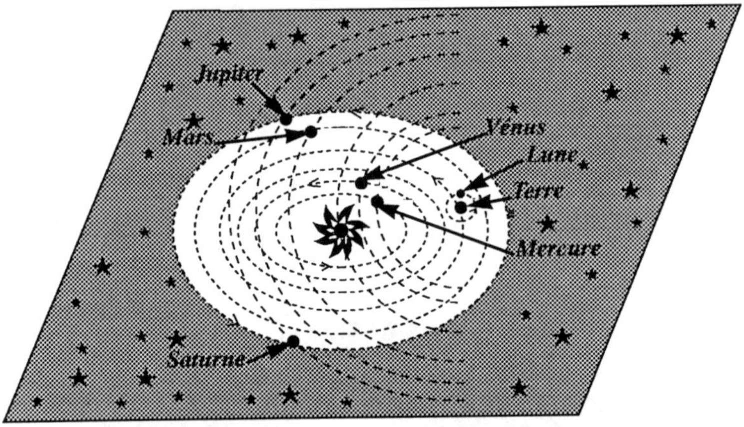


***Vu de la terre : ce sont le soleil, la lune et les planètes qui tournent autour d'elle.***

*Figure 5*

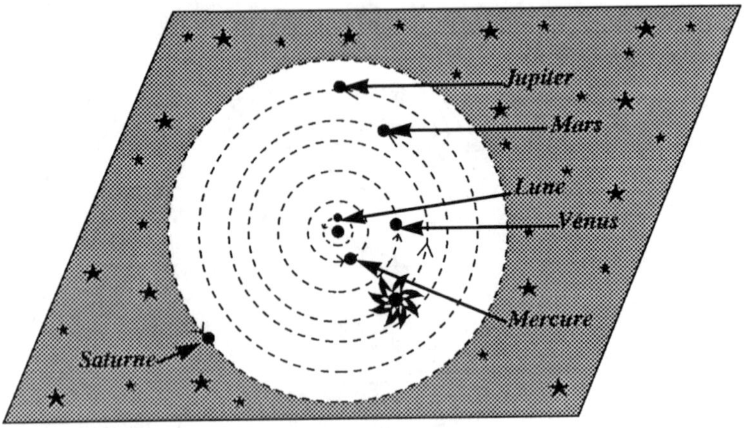


***Vu le résultat en géocentrique.***

## QUATRIÈME ZOOM (*FIGURE 6*)

Maintenant nous avons agrandi la Terre et nous voyons : L'équateur terrestre qui se prolonge en donnant l'équateur céleste, le zodiaque qui est oblique par rapport à l'équateur céleste. **Ce zodiaque oblique par rapport à la Terre c'est notre grande roue de loterie céleste.**

En fait, tous les éléments de la sphère céleste jouent un rôle en astrologie mais la partie la plus importante de la sphère céleste est la roue du zodiaque, car **c'est sur cette roue que se déplacent les planètes qui sont les agents actifs du destin.**

***Figure 6***

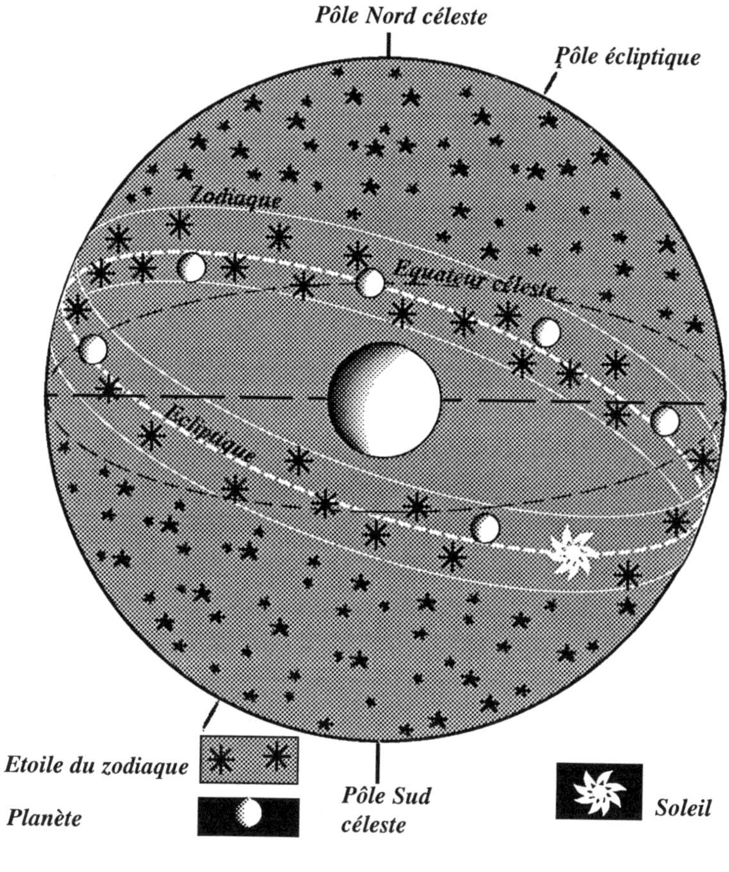

## B. La roue de loterie astrologique dix boules et trois séries de cases *(figure 7)*.

Pour nous terriens, la Terre est au centre et fixe.

Autour de nous, tournent dix boules qui se répartissent à travers trois séries de douze cases. Supposons qu'au moment de notre naissance quelqu'un prenne un instantané de la roue de cette loterie céleste. Cet instantané c'est notre thème, notre carte d'identité cosmique. Il n'y en a pas deux qui soient absolument identiques, car les combinaisons des dix boules à travers les trois séries de douze cases sont très nombreuses. Voyons maintenant, globalement, *(nous les détaillerons ultérieurement)* ce que sont ces boules et ces cases.

*Figure 7*

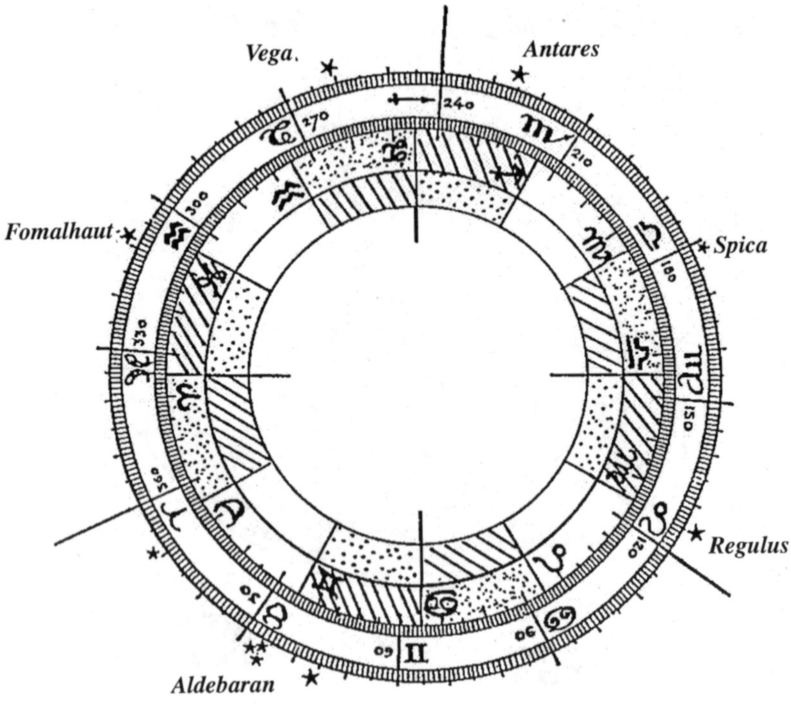

### 1) La première série de douze cases : les douze signes du zodiaque sidéral.

C'est en quelque sorte la substance cosmique qui va remplir les cases des deux autres roues. Ce zodiaque est structuré sur les étoiles et la Voie Lactée.

C'est sur ce zodiaque que nous voyons défiler les ères. C'est à cause de lui qu'aujourd'hui nous arrivons à la fin de l'ère des Poissons et que nous approchons de l'ère du Verseau, le fameux "Nouvel Age" qui se fait fortement sentir.

### 2) Une deuxième série de douze cases : les douze signes du zodiaque tropique.

Il est structuré sur les points équinoxiaux et solsticiaux. Il provient du fait que le zodiaque est penché. Il est en rapport avec les saisons.

### 3) La troisième série de douze cases : les Maisons.

Ce sont les douze cases du zodiaque par rapport à l'horizon du lieu.

## C. Tout bouge

Maintenant, il faut imaginer que nous avons trois roues concentriques (les trois séries de douze cases) et que ces roues tournent les unes par rapport aux autres.

Pendant ce temps-là, les planètes boules tombent à la fois dans une case du zodiaque sidéral, une case du zodiaque tropique, une case Maison.

La roue des Maisons tourne en 24 heures autour de l'horizon.

La roue du zodiaque sidéral tourne autour de la roue du zodiaque tropique en 25. 920 ans. Les planètes tournent, selon leur rythme propre, le long des deux zodiaques : un an pour le

Soleil, deux ans pour Mars, un an pour Vénus et Mercure, 27 jours pour la Lune, 12 ans pour Jupiter, 30 ans pour Saturne, 84 ans pour Uranus, 165 ans pour Neptune et 249 ans pour Pluton. Il suffira donc, pour analyser un thème, de connaître la signification des planètes, des signes et des maisons et de combiner le tout.

# Leçon 4

# DES DIEUX TRÈS ACTIFS : LES PLANÈTES

## A. IL Y A PLANÈTE ET PLANÈTE

Le Soleil est la première boule... Halte ! Ce n'est pas une planète, direz-vous, si vous êtes forts en astronomie, c'est une étoile. Faisons donc tout de suite, avant d'aller plus loin, une petite mise au point. Aujourd'hui, nous savons que le Soleil est une étoile *(astre qui brille par sa lumière propre)* et que les planètes sont les boules qui tournent autour d'une étoile et qui reflètent la lumière de l'étoile.

En fait, tout dépend du sens que l'on donne au mot "planète". Le mot "planète" en grec veut dire "errant". Les Anciens divisaient les astres en deux groupes principaux, suivant leurs mouvements apparents autour de la Terre. Ils distinguaient :

**D'une part, les Astres fixes ou Astres non errants** *(en Grec A-planes = non-errant)* ou encore moutons *(ou chèvres)* sages *(ils comparaient le ciel à une vaste prairie, aussi certaines constellations s'appelaient le Berger).* Ce sont ce que nous appelons aujourd'hui "étoiles" *(en mettant à part le Soleil).* Les étoiles, en effet, restent fixes les unes par rapport aux autres, autrement dit leurs positions relatives sont fixes; on ne voit pas, en effet, les constellations se tordre dans tous les sens.

La Grande Ourse ressemble depuis des siècles et sous toutes les latitudes à une casserole; c'est d'ailleurs comme cela qu'on la nomme en Chine. Il existe même, en l'honneur de cette constellation, un très sérieux rituel appelé "le rituel de la casserole".

Il est vrai que, sur des dizaines de milliers d'années, les constellations se déforment peu à peu mais, à l'échelle humaine, elles restent immuables et c'est grâce à cette immuabilité que l'on peut se repérer lorsqu'on navigue en haute mer ou dans les déserts de sable. Et c'est parce que ces étoiles forment toujours les mêmes dessins dans le ciel que l'on a pu leur donner des noms qui remontent à la plus haute antiquité.

**D'autre part, les astres errants ou astres planètes** *(planète = errant).*

Les Anciens les appelaient moutons *(ou chèvres)* sauvages.

**Au sens étymologique du mot, les astres errants sont les astres qui se déplacent à travers les étoiles fixes.**

En ce sens, le Soleil est bien une planète, puisque le mot "planète" signifie "errant" et que, vu de la Terre, *(autour de laquelle il tourne en mouvement apparent)* il se déplace à travers les étoiles. Les astrologues, aujourd'hui, qui s'occupent essentiellement des mouvements apparents des astres autour de la Terre, ont donc logiquement gardé les anciennes appellations. Les "astres-planètes" et les "astres fixes".

Puis, pour aller plus vite, on dit les "planètes" et les "fixes".

**Les planètes en astrologie sont donc :** le Soleil, la Lune *(satellite de la Terre)* ainsi que les vraies planètes d'aujourd'hui, soit : **MERCURE, VÉNUS, MARS, JUPITER, SATURNE, URANUS, NEPTUNE et PLUTON.**

**Les fixes en astrologie sont donc :** les étoiles sauf le Soleil.

Nous allons donc pouvoir maintenant étudier en toute tranquillité nos planètes.

## B. LES DIX PLANÈTES ET LEURS SIGNIFICATIONS ASTROLOGIQUES

Si vous êtes pressés, il vous suffit de lire et de retenir ce qui est encadré pour chaque planète. Mais je vous conseille de lire les petites histoires qui les concernent, car ce sont elles qui permettent de comprendre pourquoi on a attribué à chaque planète telle ou telle caractéristique.

Ainsi, grâce à ces histoires, vous pourrez retenir sans effort ce qu'il est nécessaire de savoir. D'ailleurs, elles ont été écrites à cet effet.

## LES SEPT PLANÈTES TRADITIONNELLES

Elles forment la classique gamme des sept planètes traditionnelles. Elles sont en analogie avec les sept notes de la gamme musicale : do ré mi fa sol la si.

## ☉ 1. Le Soleil

**Dieux :** *Hercule, Apollon, Râ.*
**Fonctions :** *la vie, l'éclat.*
**Couleurs :** *rouge et orange.*

Le **Soleil** est la première boule. C'est une planète en ce sens qu'il se déplace autour de la terre, mais en fait, les Anciens savaient bien que c'était l'étoile autour de laquelle tournent la Terre et les autres planètes. En effet, le Soleil était comparé à un roi autour duquel les planètes, tels des courtisans, s'inclinent. Ils savaient que le Soleil a une couronne car cette couronne est visible lors des éclipses totales du Soleil et les Anciens observaient les éclipses à la surface de l'eau des bassins qu'ils construisaient pour observer le ciel.

Le Soleil est l'astre du jour. Il nous réchauffe, nous éclaire et nous donne la vie. Il a un aspect brillant et royal. Il rayonne.

Dans l'antiquité, en Grèce, l'énergie du Soleil était symbolisée par Hercule, héros caractérisé par sa force. On le représentait avec une massue à la main et revêtu d'une peau de lion. La belle apparence du Soleil était symbolisée par Apollon, le plus beau et le plus brillant des dieux, le dieu des arts. Ce dieu était représenté sur un char traîné par des cygnes blancs et tenant une lyre à la main.

En Egypte, il était symbolisé par le dieu Râ et il était représenté par un cercle avec un point au milieu : tout comme aujourd'hui en astrologie.

### A RETENIR DANS LE THÈME NATAL

- Le Soleil est le pôle positif du sujet, son côté masculin, yang. Il est actif.

### IL REPRÉSENTE

- Ses aspirations, ses capacités de rayonnement, son côté brillant, sa conscience claire, son esprit de synthèse, ses dons, sa vitalité.

### MAIS AUSSI

- Ses tendances à l'orgueil, au despotisme, à l'égoïsme.

### D'AUTRE PART, IL REPRÉSENTE

- Le père. Dans le thème d'une femme, il représente le père lorsqu'elle n'est pas mariée, le mari lorsqu'elle l'est. *(ce qui fait penser que l'archétype de l'époux correspond à celui du père avant de correspondre à l'archétype purement amoureux)*
- C'est la planète des rois et des acteurs.
- Au niveau du corps, il représente le cœur, la colonne vertébrale, l'œil droit.
- Il représente enfin l'âme immortelle, c'est à dire pour les hindous l'Atma ou l'âme incarnée à travers toutes les incarnations successives.
- Son symbole astrologique est un cercle avec un point au milieu ☉

☽

## 2. La Lune

DIEUX : *Diane, Hécate, Séléné.*
FONCTIONS : *réceptivité, fécondité.*
COULEURS : *argent, blanc fumé.*

La LUNE est la seconde planète en importance. Son diamètre apparent est en moyenne le même que celui du Soleil. Elle est pâle et argentée et ressemble à un miroir lorsqu'elle est pleine, à une coupe lorsqu'elle est en croissant et aussi à une barque lorsqu'elle est en croissant horizontal. Sa caractéristique est son changement d'aspect permanent ainsi que son rapport avec les cycles féminins et ceux de nombreux animaux.

Elle exerce aussi une énorme influence sur les végétaux et préside aux mouvements des fluides. Lorsqu'elle croît, l'eau coule plus vite dans les ruisseaux et dans nos veines, la sève circule plus rapidement dans les arbres. Lorsqu'elle décroît, notre sang et nos fluides coulent plus lentement.

Elle agit fortement sur le psychisme. La Nouvelle et la Pleine Lune peuvent perturber le cerveau des gens trop sensibles.

La Pleine Lune favorise la méditation chez les Sages. Dans l'antiquité, la Lune était appelée en Mésopotamie le "Grand coureur blanc".

En Grèce, elle était symbolisée par trois déesses : Hécate, déesse de la Lune invisible et de la Magie, Séléné déesse de la Pleine Lune et Diane, déesse de la Lune croissante.

## A retenir dans le thème natal

- La Lune est le pôle négatif du sujet, le pôle féminin, yin. Elle est passive.

## Elle représente

- Ses facultés de réceptivité, de sensibilité, d'intuition, son portrait physique en partie, son subconscient, son imgination, sa santé, son confort quotidien, sa popularité, sa notoriété.

## Mais aussi

- Ses tendances à la paresse, à l'insouciance, à la mélancolie romantique.

## D'autre part, elle représente

- L'enfance, le foyer, la mère du sujet, ses voyages.
- Pour un homme, elle représente la mère lorsqu'il n'est pas marié, l'épouse lorsqu'il est marié. Ce qui laisse entendre que l'archétype de la femme au foyer est influencé par celui de la mère du sujet.
- Pour une femme, la Lune renseigne sur ses possibilités d'avoir des enfants.
- C'est la planète des poètes, des écrivains, des rêveurs.
- Au niveau du corps, elle représente le cerveau, l'estomac, l'utérus, les seins, l'œil gauche.
- Son symbole astrologique est un croissant vertical, cornes tournées vers la gauche ☽

☿

## 3. Mercure

**Dieux :** ***Hermès, Thot.***
**Fonctions :** ***intelligence et mouvement.***
**Couleurs :** ***celle du mercure ou irisée.***

MERCURE est une planète d'apparence fantasque. Comme elle ne s'éloigne jamais du Soleil, elle ne paraît que pour disparaître le matin et le soir. Flammarion comparait cet astre à un feu follet et le décrivait ainsi : "Il brille un instant le soir au couchant, se replonge dans les feux solaires, brille le matin à l'Orient précédant le Soleil et semble retomber dans l'astre flamboyant. Tantôt étoile du matin, tantôt étoile du soir".

Il était symbolisé par le dieu Mercure, le messager des dieux. Comme tel, il avait des ailes à son casque et à ses talons. C'est lui l'inventeur de la lyre. Mais il la donna à Apollon, dont il avait volé les troupeaux, pour se faire pardonner.

C'est lui aussi qui, avec un bâton, délia deux serpents qui se battaient, ce qui donna naissance au caducée.

En Egypte, c'est le dieu Thot, l'inventeur de l'écriture.

## À RETENIR DANS LE THÈME NATAL

- Mercure est une planète neutre ni masculine, ni féminine.

## IL REPRÉSENTE

- L'intelligence du sujet, son mental, ses facultés de raisonnement, sa logique, son astuce, ses dons pour la parole et l'écriture, ses études, ses facultés de communication, son aptitude à faire passer un message, son sens du commerce, sa curiosité.

## MAIS AUSSI

- Ses tendances à la nervosité, à la malhonnêteté.

## D'AUTRE PART, IL REPRÉSENTE

- Son adresse corporelle et surtout manuelle, ses petits déplacements.
- C'est la planète des commerçants et des intellectuels.
- Au niveau du corps, il représente le système nerveux, les bras, les mains, les bronches.
- Son symbole astrologique est un cercle surmontant une croix et portant un croissant ☿

## ♀ 4. Vénus

**Dieux :** ***Vénus, Aphrodite.***
**Fonctions :** ***séduction, féminité.***
**Couleurs :** ***cuivre rose, vert.***

Vénus est “l'étoile du Berger” , la première “étoile” *(mais c'est une planète)* qui apparaît juste après le coucher du Soleil. C'est la plus brillante et la plus belle des planètes. Elle est quinze fois plus brillante que Sirius, l'étoile la plus brillante du ciel. Elle peut même être vue à l'œil nu en plein jour. D'après la Tradition, elle est la dernière arrivée du système solaire.

Elle est née de l'émasculation du dieu Uranus par le dieu Saturne. En souvenir de cette origine étrange, elle fut nommée par les Grecs Aphrodite, ce qui signifie : née de l'écume; l'écume étant la matière détachée d'Uranus flottant dans l'Océan cosmique. Tournoyant dans l'espace, escortée d'“Amour” et de “Beau Désir”, recouverte de vêtements brillants *(les épais nuages qui l'entourent et qui réfléchissent avec intensité les rayons du Soleil),* elle alla se joindre dans l'Olympe *(le séjour des planètes)* aux autres dieux *(les autres planètes).*

Elle fut donc symbolisée par la déesse de l'amour, Aphrodite chez les Grecs, Vénus chez les Latins. Elle porte, sur sa poitrine, ses pouvoirs d'amour et de désir dans un bandeau brodé aux dessins variés *(sa belle ceinture de nuages).* On la disait aussi enveloppée de voiles ce qui décrit fort bien cette enveloppe de nuages gazeux que nous lui connaissons aujourd'hui.

## A RETENIR DANS LE THÈME NATAL

- C'est une planète féminine. Elle est passive.

## ELLE REPRÉSENTE

- La vie affective du sujet, ses facultés de séduction, ses dons relationnels, son don de plaire, son amabilité, sa vie amoureuse, sa beauté. Elle nous renseigne non seulement sur le comportement amoureux du sujet mais également sur l'archétype amoureux du sujet.
- Sa vie financière.
- Ses dons artistiques.
- Ses dons amoureux.

## ELLE REPRÉSENTE AUSSI

- Ses tendances à la gourmandise, à la luxure, aux dépenses excessives.

## D'AUTRE PART, ELLE REPRÉSENTE

- Dans le thème d'un homme, elle représente la maîtresse.
- Chez une femme la possibilité d'avoir des enfants.
- C'est la planète des artistes et des amoureux.
- Au niveau du corps, les ovaires, la gorge, le teint.
- Son symbole astrologique est un cercle avec une croix en-dessous ♀

## 5. Mars

♂

DIEUX : *Mars, Arès.*
FONCTIONS : *action, virilité.*
COULEURS : *rouge feu, rouge sang, rouge rouille.*

MARS, c'est la planète rouge. Son inquiétante couleur évocatrice du sang et du feu, ainsi que sa façon d'avancer à travers les étoiles avec de brusques rétrogradations, l'ont fait assimiler au dieu de la guerre par les Anciens.

Nergal chez les Chaldéens, Arès chez les Grecs, Mars chez les Romains — Arès est un méchant mot puisqu'il veut dire "guerre", "carnage"—.

Ce dieu fougueux avait comme emblèmes une torche enflammée ainsi qu'une épée et un casque en fer. Il est remarquable de constater que le sol de cette planète, planète qui était associée au fer par les Anciens, est recouvert de rouille. Enfin, dans la mythologie, Mars est l'amant de Vénus. Mars est donc un dieu guerrier, courageux et viril.

### A RETENIR DANS LE THÈME NATAL

- C'est une planète masculine. Elle est active.

### IL REPRÉSENTE

- L'énergie et le pouvoir de passer à l'acte : la force physique du sujet, ses capacités de lutte pour la vie, ses dons de commandement, son esprit d'initiative, son esprit de compétition, son courage.
- Sa virilité.

### MAIS AUSSI

- Ses tendances à l'impulsivité, à la témérité, à la colère, ses blessures.

### D'AUTRE PART, IL REPRÉSENTE

- Chez une femme, il représente l'amant.
- C'est la planète des soldats, des chefs, des champions, des médecins, des chirurgiens.
- Au niveau du corps, il représente le front, les muscles, la vésicule biliaire.
- Son symbole astrologique est un cercle surmonté d'une flèche oblique ♂

## ♃ 6. Jupiter

**DIEUX :** *dieu le père, Zeus.*
**FONCTIONS :** *chance et honneurs.*
**COULEURS :** *blanc bleuté, bleu azur.*

JUPITER est un mot latin qui signifie Dieu le père et vient du mot grec "Zeus". Or, Zeus signifie "Dieu du ciel". Quant à ces deux mots, ils viennent du sanskrit Diva "lumière" ou "dieu". Cette planète se déplace dans le ciel avec une régularité majestueuse, diffusant une lumière blanche bleutée. Les Anciens la considéraient comme la plus grosse des planètes et ils avaient raison. Jupiter est, en effet, une énorme planète gazeuse dont la composition se rapproche de celle d'une étoile. Si l'on compare Mars à un petit pois, Jupiter atteint la taille d'un ballon de foot. En raison de cette taille imposante, les Anciens en faisaient le symbole de l'expansion, de l'abondance et de l'excès.

Il n'est donc pas étonnant que dans la mythologie, Jupiter soit le roi de tous les dieux, c'est-à-dire de toutes les planètes. C'est lui qui fait régner l'ordre dans l'Olympe *(le système solaire*). Il est le père des dieux et des hommes.

Il est d'ailleurs étrange de noter que les astronomes modernes, tout comme les Anciens, l'appellent le "souverain des planètes" et que, depuis quelques années, on considère Jupiter comme le "responsable de l'ordre du système solaire". Son action en raison de sa masse énorme *(Jupiter est plus massif que toutes les autres planètes du système solaire réunies*) se fait ressentir à travers tout le système solaire.

## A RETENIR DANS LE THÈME NATAL

- Jupiter est une planète masculine. Elle est active.

## IL REPRÉSENTE

- La chance du sujet, ses chances de réussite socio-professionnelle et financière. *(Elle indiquera dans quel domaine le sujet exercera d'instinct son flair).*
- Ses facultés d'enthousiasme, de générosité et de spiritualité, ses dons pour l'enseignement, sa sociabilité.

## MAIS AUSSI

- Ses tendances à l'exagération, à la prodigalité, à se mettre en avant.

## D'AUTRE PART, IL REPRÉSENTE

- Il représente le père, le gourou.
- C'est la planète des acteurs, des hommes politiques et des gens qui ont des postes honorifiques.
- Au niveau du corps, il représente les cuisses, les organes sexuels externes masculins, la semence, le foie.
- Son symbole astrologique est un croissant dont les cornes sont tournées vers la gauche surmontant une croix accolée à droite ♃

## ♄ 7. Saturne

DIEUX : *Saturne, Cronos.*
FONCTIONS : *lenteur et sagesse.*
COULEURS : *noir, gris, marron.*

SATURNE est, parmi les planètes visibles, la plus lointaine et la plus lente. Elle met presque trente ans à faire le tour du zodiaque. C'est, vue de la Terre, la moins lumineuse des planètes. Sa teinte est un peu plombée. Pour cette raison, les Anciens disaient qu'elle était triste et lente, froide. Les noms propres, autrefois, servaient à qualifier une chose. Dans la mythologie grecque, Saturne est symbolisé par le dieu Kronos. Or Kronos a la même racine que couronne, corne, crosse. C'est une racine qui veut dire courbe, cercle. Ce qui laisse supposer que les Anciens savaient, qu'en réalité, Saturne, vu de plus près, est une très belle planète entourée d'anneaux *(de courbes)* d'autant plus que, dans les textes traditionnels hindous, Saturne est représenté avec une double couronne. Ceci dit, l'histoire de Saturne est assez sinistre; c'est lui qui sur l'ordre de sa mère, émascula son père Uranos, le dieu du ciel, avec une faux. Il succèda ainsi à son père. Puis, de peur d'être destitué à son tour par ses enfants, il les mangea les uns après les autres. Seul Jupiter échappa à ce sort funeste, grâce à un subterfuge de sa mère, qui lui substitua une pierre. Saturne comprenant qu'il ne pouvait échapper à son destin, partit sous d'autres cieux et laissa la place à son fils. C'est ainsi que Jupiter est devenu définitivement le roi des dieux. Cette horrible histoire laisse entendre qu'une collision eut lieu, il y a très longtemps dans le système solaire entre Saturne et Uranus et que chacune de ces planètes y laissa des plumes… Comment les Anciens savaient-ils cela ? C'est une autre histoire.

## A RETENIR DANS LE THÈME NATAL

- Saturne est le contraire de Jupiter. C'est une planète de rétraction, de restriction, de lenteur et de froideur.
- C'est une planète masculine. Elle est passive.

## ELLE REPRÉSENTE

- Les capacités de réflexion, de concentration, de méditation, de méthode, de patience, de persévérance, de prudence, de connaissance.

## MAIS AUSSI

- Les frustrations, les difficultés, les obstacles, les blocages, les échecs et les limitations du sujet. *(Elle indique dans quels domaines ces problèmes se manifesteront).*
- La méfiance, l'inquiétude, la mélancolie.

## D'AUTRE PART, ELLE REPRÉSENTE

- Elle représente les grands parents du natif.
- C'est la planète des savants, des moines, des sages, des chercheurs..
- Au niveau du corps, elle représente le squelette, les articulations, les genoux, les dents, la rate, les oreilles.
- Son symbole astrologique est un croissant dont les cornes sont à droite surmontant une croix qui se trouve à droite. Il ressemble à une faucille ♄

## Les Trois Planètes Invisibles

Avec ces trois planètes, nous entrons dans le domaine de l'invisible. On ne s'étonnera donc pas qu'elles soient en rapport avec le génie : la télépathie pour Uranus, la voyance et l'inspiration médiumnique pour Neptune, et l'initiation et la mort pour Pluton.Et au niveau des voyages très lointains, les voyages à travers l'espace pour Uranus, à travers les Océans pour Neptune, dans les profondeurs de la terre pour Pluton. Par rapport à la gamme des "sept", elles se trouvent à l'octave au-dessus.Uranus est l'octave supérieur de Mercure, Neptune l'octave supérieur de Vénus et Pluton l'octave supérieur de Mars.

♅

### 8. Uranus

**Dieux :** ***Ouranos.***
**Fonctions :** ***rapidité, invention, liberté.***
**Couleur :** ***violet sombre.***

En fait, **Uranus** n'est pas vraiment invisible. Elle est à la limite de l'invisibilité : avec une vue perçante dans une atmosphère claire et non polluée, on pourrait l'apercevoir à l'œil nu. C'est la planète la plus originale du système solaire. Au lieu d'avancer normalement en tournant sur elle-même comme une toupie, elle roule sur son axe comme un cerceau, comme si elle avait reçu un choc suffisamment violent pour la faire basculer sur son axe de 90° : la cause en est certainement le "coup de serpe" de Saturne qui émascula son père Ouranos, donnant ainsi naissance à Vénus Aphrodite *(le morceau détaché du corps d'Ouranos).* Uranus sera donc la planète de l'originalité et des changements radicaux *(des virages à 90°)* ainsi que des événements soudains.

## A retenir dans le thème natal

- Uranus est considéré comme l'octave supérieur de Mercure.
- Tout comme Mercure c'est une planète neutre *(ni masculine ni féminine)*.

## Elle représente

- L'intelligence supérieure du sujet, dans quel domaine elle s'exerce.
- Ses capacités d'invention, ses intuitions géniales, sa capacité à avoir des idées.
- Son originalité, ses changements radicaux. Son sens de la liberté, son esprit d'indépendance.

## Mais aussi

- Son excentricité, ses révoltes, sa nervosité, sa folie.
- C'est la planète des inventeurs, des génies, des savants, des informaticiens, des astrologues, des aviateurs et des cosmonautes.
- Au niveau du corps, elle représente le sytème nerveux, la kundalini, les chevilles.
- Son symbole astrologique est formé de deux croissants dos à dos réunis par une croix surmontant un petit cercle ♅

## 9. Neptune

**DIEUX :** ***Neptune, Poséidon.***
**FONCTIONS :** ***inspiration et illusion.***
**COULEUR :** ***bleu-vert.***

NEPTUNE est la première planète vraiment invisible. Elle vogue vraiment dans les profondeurs invisibles de l'océan cosmique. A la lunette, elle est d'une belle couleur bleue tendant un peu sur le vert, à l'image de celle des océans terrestres. Des turbulences tournent rapidement à sa surface.

Chez les Anciens, cette planète fut symbolisée par le dieu de la mer, Neptune chez les Latins, Poséidon chez les Grecs. C'est le dieu de l'océan terrestre mais aussi celui de l'océan cosmique c'est-à-dire le milieu dans lequel baigne les astres. Car c'est à lui qu'échut, dans le partage de l'univers, la souveraineté de l'élément liquide sous toutes ses formes. Il habite au fond des eaux *(aussi bien terrestres que cosmiques)*. Son palais se nomme tantôt Hélikè tantôt Æges, deux noms qui signifient tourbillon. Dans la mythologie, Poséidon fut le père du premier roi de l'Atlantide. Il est représenté sur un char tiré par des chevaux, escorté par des dauphins et il tient un trident dans la main.

## A RETENIR DANS LE THÈME NATAL

- Neptune est considéré comme l'octave supérieur de Vénus.
- C'est une planète féminine, passive.

## ELLE REPRÉSENTE

- L'intuition du sujet, son inspiration poétique, artistique, sa religiosité, son mysticisme, sa compassion envers les autres, ses dons médiumniques, son attrait vers les mondes invisibles.

## MAIS AUSSI

- Ses tendances à se faire des illusions, à la crédulité, à s'évader des réalités par le rêve, l'alcool, la drogue ou le suicide.
- C'est la planète des poètes, des musiciens, des mystiques, des voyants, des marins.
- Au niveau du corps, elle représente l'eau dans le corps, la fécondité féminine.
- Son symbole astrologique est un trident ♆

## 10. Pluton

DIEUX : *Pluton, Hadès.*
FONCTIONS : *sexualité, puissance, destruction.*
COULEUR : *rouge sombre.*

PLUTON est la plus lointaine des planètes. Elle est située aux confins du système solaire. Elle marque la frontière entre le monde des planètes et le monde lointain des étoiles. Or, pour les Anciens, le monde lointain des étoiles était celui où se rendaient les âmes des morts. Pluton est donc le dieu de l'au-delà, *(au-delà du système solaire).*

Toute petite planète, accompagnée de sa Lune, Charon, son action est pourtant très forte. Elle est symbolisée par le dieu des enfers et du monde souterrain *(souterrain à l'intérieur de la terre et souterrain au-dessous de la terre, loin dans les étoiles).* En grec, c'est Plouton, mot qui signifie le riche, ou Hadès, mot qui signifie "l'invisible" ou encore "celui qui fond sur sa proie". En latin, c'est Pluton. Dans la mythologie, il porte un casque qui a la propriété de le rendre invisible. Dans une des ses mains, il tient une clef, la clef des mystères. Dans l'autre, il tient une corne d'abondance qui symbolise la fécondité créatrice ou sexuelle. Dans la mythologie, il enlève Perspéhone, déesse de la fertilité et l'épouse de force.

## À RETENIR DANS LE THÈME NATAL

- Pluton est considéré comme l'octave supérieur de Mars.
- C'est une planète masculine, active.

## ELLE REPRÉSENTE

- La sexualité du sujet, son magnétisme, son emprise sur les autres, ses dons pour l'occulte, pour l'initiation, ses possibilités de régénération, ses chances d'être riche.

## MAIS AUSSI

- Ses tendances à la destruction et à l'auto-destruction, son attirance vers la mort. Ses risques d'être agressé sexuellement ou non.
- C'est la planète des puissants, des terroristes, des guerriers, des occultistes, des chirurgiens, des vulcanologues, des violeurs.
- Au niveau du corps, elle représente : le chakra sexuel.
- Son symbole astrologique est une coupe portant un cercle et surmontant une croix. ♇

# Leçon 5

# LES DEUX ZODIAQUES

## I. Les douze cases du zodiaque sidéral où sont-elles ? Qui sont-elles ?

Ces douze cases sont issues de la division de la bande zodiacale par rapport aux étoiles.

En effet, le zodiaque a tout d'abord été divisé en douze cases par rapport aux étoiles et à la Voie Lactée. Ces douze cases de trente degrés chacune se superposent aux constellations inégales qui servent essentiellement de repères visuels pour l'astronomie et de moyen mnémotechnique pour l'astrologie.

*Figure 1*

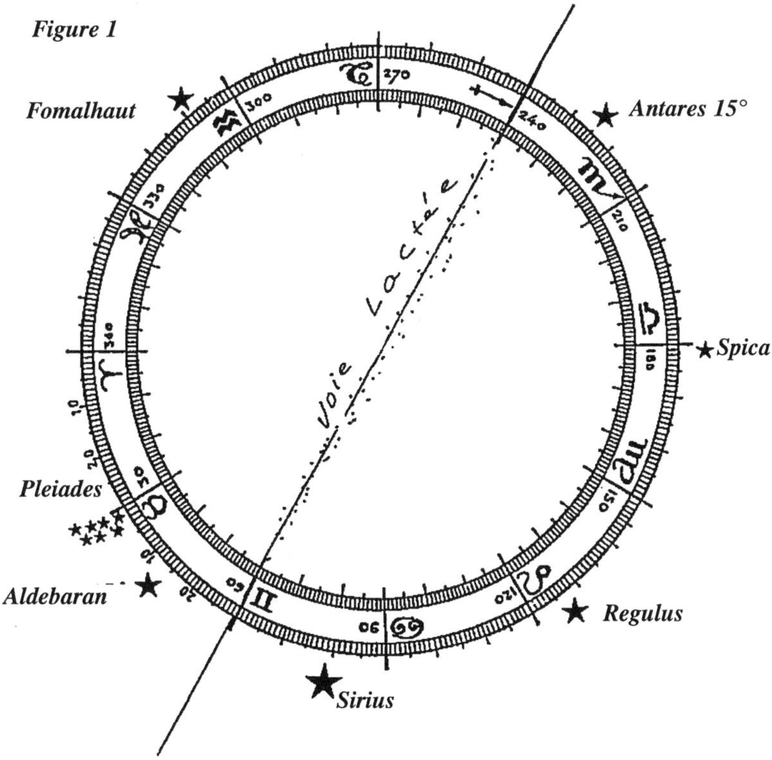


## A. Voici cette structure *(suivant la figure 1 ci-dessus).*

### 1) La Voie Lactée partage le zodiaque en deux

Elle passe d'un côté entre la constellation du Scorpion et du Sagittaire et d'autre part, en face, entre la constellation du Taureau et celle des Gémeaux.

### 2) Antarès et Aldébaran

Deux étoiles très brillantes se trouvent exactement face à face sur le zodiaque. Elles marquent respectivement :

Le centre du Taureau soit 15° de ce signe, pour Aldébaran.

Le centre du Scorpion soit 15° de ce signe pour Antarès.

### 3) D'autres étoiles repères étaient particulièrement mises en évidence par les Anciens :

- **Spica,** dont le nom signifie épi est la dernière étoile de la Vierge marquant la limite entre la Vierge et la Balance.
- **Regulus,** dont le nom signifie petit roi, mais qui se nommait autrefois "Grand Roi", est l'étoile principale du Lion à 5° de ce signe.
- **Fomalhaut.** La Claire du Verseau, est à 9° de ce signe
- **Les Pleiades,** sont un groupe d'étoiles, marquant le début du Taureau.

## B. C'est sur ce zodiaque sidéral que les Anciens ont projeté l'homme zodiaque ; plaçant la tête sur le Bélier et les pieds sur les Poissons.

Nous voyons sur la figure comment le corps s'est structuré par rapport à la Voie Lactée que les Anciens assimilaient analogiquement au sperme de Jupiter, la planète du Sagittaire ***(figure 2 ci-contre)***.

### 1) Nous avons de part et d'autre de la Voie Lactée et symétriquement :

- **Les cuisses sur le Sagittaire,** ce qui est d'autant plus intéressant qu'à ce niveau la Voie Lactée forme une grosse fourche. Notons que sont attribués au Sagittaire : les organes sexuels externes mâles ainsi que le sperme. Or, au bout de la flèche du Sagittaire, se trouve la partie la plus dense de la Voie Lactée et c'est par là que pénètre dans le zodiaque le flux galactique venant du centre galactique.

*Figure 2*

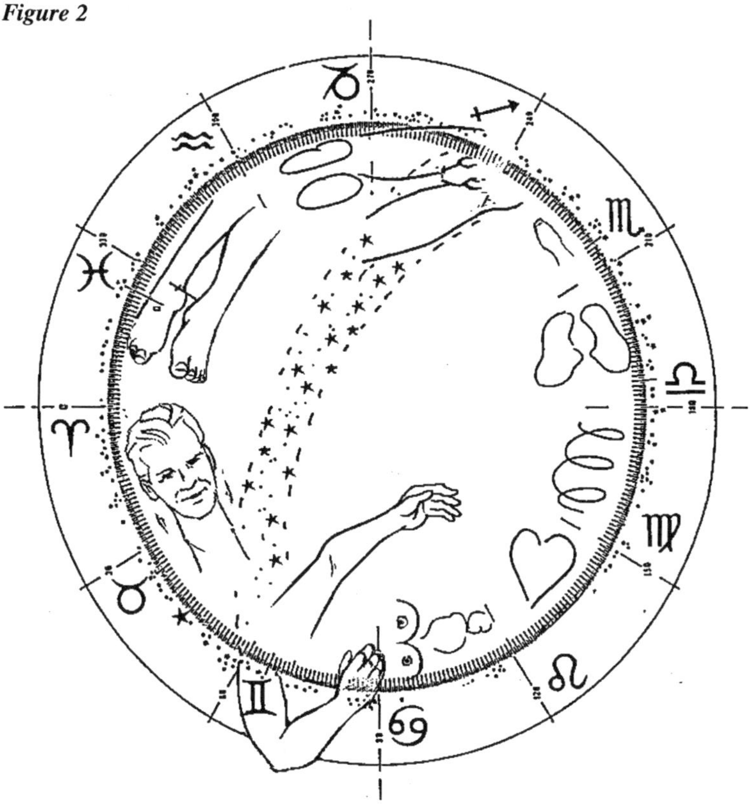

- **Les bras sur les Gémeaux** à qui appartiennent également les bronches et les poumons.

## 2) Le tronc s'étend d'un bout de la Voie Lactée à l'autre de la façon suivante :

- les "poches" : seins, estomac, utérus sur le Cancer,
- le cœur et la colonne vertébrale sur le Lion,
- les intestins sur la Vierge,
- le bassin avec les reins, les os iliaques, les surrénales sur la Balance,
- le coccyx, le clitoris, le rectum sur le Scorpion.

**3) L'autre moitié du corps se trouve de l'autre côté - les pieds étant comme soudés à la tête - de la façon suivante :**

- les genoux au Capricorne,
- les jambes au Verseau,
- les pieds aux Poissons,
- la tête sur le Bélier,
- le cou sur le Taureau,

## C. C'EST UNIQUEMENT À CE ZODIAQUE QU'ONT ÉTÉ ATTRIBUÉS PAR LES ANCIENS LES SIGNES NOMMÉS BÉLIER, TAUREAU, GÉMEAUX, CANCER, LION, VIERGE, BALANCE, SCORPION, SAGITTAIRE, CAPRICORNE, VERSEAU ET POISSONS.

## D. CE ZODIAQUE EST STRUCTURÉ SUR LE TROIS.

**Les signes sont en effet classés suivant les quatre éléments feu, terre, air et eau, suivant un cycle ternaire :**

**PREMIÈRE SÉRIE :**

***Feu, terre, air, eau :***

**BÉLIER, TAUREAU, GÉMEAUX, CANCER.**

**DEUXIÈME SÉRIE :**

***Feu, terre, air, eau :***

**LION, VIERGE, BALANCE, SCORPION.**

**TROISIÈME SÉRIE :**

***Feu, terre, air, eau :***

**SAGITTAIRE, CAPRICORNE, VERSEAU, POISSONS.**

## E. Ces signes sont alternativement masculins et féminins, soit positifs et négatifs :

**En commençant par le :**

• **Bélier** masculin • **Taureau** féminin • **Gémeaux** masculin
• **Cancer** féminin • **Lion** masculin • **Vierge** féminin
• **Balance** masculin • **Scorpion** féminin • **Sagittaire** masculin
• **Capricorne** féminin • **Verseau** masculin • **Poissons** féminin.

## F. Ce zodiaque est très ancien.

Dans un petit poème populaire datant d'Hammourabi XVIIIème siècle avant notre ère, nous trouvons déjà mentionnés :

- le Joug du Ciel *(la Voie Lactée)*,
- la Chèvre *(Capricorne)*,
- l'étoile de l'Arc *(le Sagittaire)*.

## G. Signification astrologique des douze signes sidéraux.

Un petit animal vaut mieux qu'un long discours. Les Anciens ont donné à ces signes des noms d'animaux ou de personnages, en rapport avec leurs caractéristiques essentielles et non pas parce que les constellations correspondantes ressemblaient à ces animaux ou à ces personnages. En fait, tout comme les dieux pour les planètes, ces noms d'animaux ou de personnages étaient destinés à se remémorer, sans douleur, les qualités que l'on a attribuées aux signes; un petit animal valant mieux qu'un long discours... L'ordre dans lequel on donne ces douze signes est celui qui est suivi par les planètes dans leur course autour de la Terre. Chacun de ces signes est égal à trente degrés puisque le cercle comprend, comme chacun sait, trois cent soixante degrés. Les voici :

♈

# Le Bélier

**PREMIER SIGNE**

COULEUR : *rouge sang.*
FONCTION : *il fonce.*

***Il est représenté par un* BÉLIER**

**LE BÉLIER EST LE CHEF DU TROUPEAU.**
**LE CHEF : LA TÊTE**

Dans un troupeau de moutons, le bélier se caractérise par le fait qu'il est le chef et qu'il marche toujours en tête.

C'est pourquoi cet animal a été choisi pour signifier que ce signe est le premier du zodiaque, et ce d'autant plus que dans l'antiquité les étoiles étaient comparées à des troupeaux de moutons, paissant dans les prairies du ciel.

D'autre part au niveau individuel ce signe représentera : la tête comme partie du corps, le chef et la tête ayant la même origine étymologique. D'ailleurs autrefois, pour dire tête, on disait chef et on dit encore "couvre chef" pour dire chapeau.

***Le Bélier est un animal qui porte une toison de laine que l'on tond régulièrement.***

Ce qui signifie que les gens, influencés par le Bélier, devront souvent repartir à zéro *(pour reconquérir leur toison).*

**LE BÉLIER EST UN ANIMAL COLÉREUX**

Il a la réputation de foncer tête baissée à travers les obstacles au risque de se fendre le crâne. Ainsi les gens, qui seront influencés fortement par le Bélier, auront tendance à être impulsifs et fonceurs et parfois même ils se fendront le crâne.

### A retenir : le Bélier symbolise

- L'action, l'esprit de compétition, le combat, le courage, la capacité à commander.

### Mais aussi

- L'impulsivité, l'impatience, l'agressivité, manque de réflexion.
- C'est le signe des chefs, des soldats, des policiers, des sportifs.

### Au niveau du corps, il représente

- La tête, les yeux, la bile.
- Les accidents, les coups à la tête et à la face, les coups de sang.
- C'est un signe de feu.
- Son symbole astrologique est une double crosse.

♈

♉

# LE TAUREAU

**DEUXIÈME SIGNE**

COULEUR : *vert pré.*
FONCTION : *il laboure.*

## *Il est représenté par un* TAUREAU

Le taureau, ici, est associé à la vache et au bœuf.

- **Ces animaux paissent tranquillement dans les vertes prairies et ruminent**. La vache est considérée comme sacrée dans de nombreux pays parce qu'elle nous donne son lait.

Le Taureau sera donc en rapport avec la campagne, les nourritures terrestres, et une certaine lenteur.

**LE TAUREAU EST CONNU POUR SA FÉCONDITÉ**

Ce signe sera donc en rapport avec la fécondité.

**QUANT AU BŒUF, IL ÉTAIT UTILISÉ AUTREFOIS POUR TIRER LA CHARRUE ET TRACER AINSI DES SILLONS PROFONDS DANS LA TERRE NOURRICIÈRE**

Le Taureau sera donc en rapport avec le travail et le fruit de ce travail.

- Ce sont des animaux lourds avec **une nuque puissante, un cou large.** Leur influence donnera un corps costaud, notamment au niveau de la machoire inférieure et du cou.

### A retenir : le Taureau symbolise

- Le travail, la patience, la fécondité, les nourritures, l'argent.
- La sensualité, la matérialité.

### Mais aussi

- Une certaine lenteur, la jalousie, la possessivité, la rancune.
- C'est le signe des agriculteurs, des campagnards, des gens qui produisent de la nourriture, des banquiers, des artistes, des chanteurs.

### Au niveau du corps, il représente

- Au niveau du corps, il représente la nuque, la gorge.
- C'est un signe de terre.
- Son symbole astrologique est une tête de taureau avec ses cornes en croissant.

♉

♊

## LES GÉMEAUX

**TROISIÈME SIGNE**

COULEUR : *irisée.*

FONCTION : *il s'amuse.*

### *Il est représenté par* DEUX JUMEAUX

Dans la mythologie grecque, il s'agit de Castor et Pollux, fils de Jupiter, c'est pourquoi on les appelle aussi les Dioscures ce qui signifie : fils de Zeus.

***Les jumeaux sont des jeunes gens qui se tiennent par l'épaule. Souvent l'un d'eux tient une lyre.***

### A retenir : les Gémeaux symbolisent

- La curiosité, l'intelligence, l'ingéniosité, les dons mutiples, la communication, le commerce, les déplacements.

### Mais aussi

- La dispersion, la légèreté, la superficialité, l'instabilité, la nervosité.
- C'est le signe des mathématiciens, des artistes, des écrivains, des baladins, des commerçants, des voleurs, des voyageurs, des adolescents.

### Au niveau du corps, ils représentent

- Les bras, les mains, les bronches et les poumons.
- C'est un signe d'air.
- Son symbole astrologique : 2 piliers verticaux entre 2 barres.

♊

# LE CANCER

**QUATRIÈME SIGNE**

COULEUR : *blanc laiteux.*
FONCTION : *il materne.*

## *Il est représenté par un* CRABE

- **Les crabes vivent dans l'eau.**

Comme les bébés dans le ventre de leur mère, ils se cachent dans le sable, sous des pierres ou dans des trous de rocher.

Ce qui signifie que les gens influencés par le Cancer auront un faible particulier pour leurs habitations qui leur serviront d'abri.

- **Ce sont des animaux à la chair tendre,** recouverts d'une carapace, mais ils sont pleins à la pleine lune et vides à la nouvelle lune.

Ce qui laisse entendre que ceux qui sont sous l'influence de ce signe auront un côté tendre et lunatique.

- **Ils marchent parfois à reculons,** comme s'ils voulaient revenir en arrière.

Ainsi, le Cancer donnera un attrait pour le passé et ce qui s'y rapporte.

- **Ils sont tout ronds** comme les petits enfants : ce qui indique une tendance à l'embonpoint et un côté enfantin.

## A RETENIR : LE CANCER SYMBOLISE

- L'imagination, le rêve, le romanesque, l'innocence, l'enfance, la maternité, la nourriture, le passé, l'histoire, la mer, l'argent, l'import-export, les voyages.

## MAIS AUSSI

- Le manque de maturité, l'homosexualité, la gourmandise, l'usure, la sensiblerie.

## C'EST LE SIGNE

- Les marins, des décorateurs, des antiquaires, des historiens, des romanciers.

## AU NIVEAU DU CORPS, IL REPRÉSENTE

- Les seins, l'utérus, l'estomac.
- C'est un signe d'eau.
- Son symbole astrologique

♋

# Le Lion

**Cinquième Signe**

**Couleurs :** ***orange, or.***
**Fonction :** ***il règne.***

## *Il est représenté par un* Lion

- Le lion, comme chacun sait, est le roi des animaux. Il a une superbe crinière couleur de feu et des yeux magnifiques.

Ce signe sera donc lié au pouvoir, à la noblesse, à l'orgueil, à l'éclat.

Le sujet marqué par ce signe aime paraître, s'intéresse beaucoup à son apparence et notamment à sa chevelure.

- **Le lion rugit et dévore ses proies** grâce à ses grandes dents.

L'influence du lion donnera des tendances au mauvais caractère et parfois à la cruauté.

- Le lion aime bien faire la sieste.

L'influence du lion pourra pousser à la paresse.

### A retenir : le Lion symbolise

- La noblesse, l'autorité, la royauté, le rayonnement, le courage, la droiture.
- Les créations, les plaisirs, les jeux, les spectacles, les arts, le luxe, le grandiose.

### Mais aussi

- L'orgueil, l'irascibilité, la susceptibilité.

### C'est le signe

- Des rois, des princes, des acteurs, des puissants.

### Du niveau du corps, il représente

- Le cœur, la colonne vertébrale.
- C'est un signe de feu.
- Son symbole astrologique évoque le corps du Lion très stylisé avec sa queue en boucle.

♌

♍

# LA VIERGE

## SIXIÈME SIGNE

COULEUR : *blanche ou pourpre.*
FONCTION : *elle raisonne.*

***Ce signe est représenté par une* Jeune Femme *ailée tenant un épi de blé dans la main.***

- Dans la mythologie c'est Déméter, la déesse qui enseigna l'agriculture et la civilisation aux hommes.

Aussi ce signe va être en rapport avec les sciences de la nature, l'étude en général, l'enseignement, les services rendus.

- Elle a un épi dans la main.

***La Vierge aura donc un rapport avec l'agriculture.***

- Les grains de blé dans un épi sont rangés harmonieusement.

***L'influence de la Vierge poussera à l'ordre et à la méthode.***

- L'agencement des grains sur l'épi évoque les intestins et les circonvolutions cérébrales.

Ce signe sera donc en rapport avec ces deux parties du corps.

### A RETENIR : LA VIERGE SYMBOLISE

- La raison, l'intelligence, l'analyse, la connaissance, le travail, la méthode, le service, le sens du détail, l'esprit critique.

### MAIS AUSSI

- L'anxiété, les manies.

### C'EST LE SIGNE

- Des enseignants, des infirmiers, des médecins, des secrétaires, des serviteurs, des comptables, des encyclopédistes, des horlogers, des agriculteurs, des jardiniers.

### AU NIVEAU DU CORPS, ELLE REPRÉSENTE

- Les intestins, les circonvolutions cérébrales.
- Son symbole astrologique un "m" avec un quatrième jambage qui se replie sur le troisième. Flammarion y voyait l'image de la Vierge ailée avec son épi.

♍

# LA BALANCE

**SEPTIÈME SIGNE**

COULEUR : *vert-amande ou cuivre rose.*
FONCTION : *elle juge.*

***Ce signe est représenté par une* BALANCE *avec ses deux plateaux en équilibre.***

Une balance sert à peser avec exactitude, à équilibrer.

Dans l'ancienne Egypte, c'est devant une balance que l'homme se retrouve après la mort. Son cœur est posé sur un plateau alors que sur l'autre se trouve la plume de la déesse de la justice et de la vérité Maat.

Les deux plateaux doivent être équilibrés sinon c'est que de son vivant, le mort n'a pas rempli correctement sa fonction; qu'il n'a pas réalisé son destin au maximum de ses possibilités. La vie éternelle lui sera donc refusée, car l'homme doit se mettre en harmonie avec son destin.

***Ce signe va donc essentiellement être en rapport avec l'équilibre, la justice et l'harmonie.***

## A RETENIR : LA BALANCE SYMBOLISE

- La justice, la vérité.
- L'équilibre, la capacité de peser le pour et le contre.
- L'harmonie, le jugement esthétique, l'harmonie avec soi, avec les autres, avec le monde *(les associations)*, la beauté, l'esthétique, l'amour, la séduction, la mode, la grâce.

## MAIS AUSSI

- Les procès, les litiges, l'indécision.
- C'est le signe des hommes de loi, des législateurs, des esthéticiens, des musiciens, des gens de cinéma, de la mode.

## AU NIVEAU DU CORPS, ELLE REPRÉSENTE

- Les hanches, les lombaires, les reins, les surrénales.
- Son symbole astrologique est une balance stylisée.

♎

♏

# LE SCORPION

**HUITIÈME SIGNE**

**COULEUR : *rouge sombre.***
**FONCTION : *il pénètre.***

## *Ce signe est représenté par un* SCORPION

- La queue recourbée du scorpion se termine par un aiguillon venimeux. Les attaques du scorpion sont fulgurantes. Le scorpion peut tuer.

Aussi, cet animal a-t-il été choisi pour symboliser les combats, l'agressivité, et la mort.

- Dans certains cas, le scorpion retourne son dard empoisonné contre lui-même et se suicide.

Ce qui signifie que les gens, influencés par ce signe, peuvent avoir un côté auto-destructeur.

- Dans l'ancienne Egypte, le scorpion était l'emblème du médecin magicien qui se nommait justement celui qui maîtrise le scorpion.

La déesse Serket, patronne d'une confrérie de guérisseurs, leur communiquait les secrets de la puissance du scorpion.

Aujourd'hui l'on découvre les vertus guérisseuses du venin de scorpion.

***Ce signe va donc être en rapport avec la magie, la médecine.***

## A RETENIR : LE SCORPION SYMBOLISE

- L'action, le combat, le courage, la puissance occulte.
- L'accès aux mystères de la vie et de la mort, les initiations, la sexualité.

## MAIS AUSSI

- La violence, la guerre.

## C'EST LE SIGNE

- Des soldats, des occultistes, des chirurgiens, des sexologues, des biologistes, des vulcanologues, des criminologues, des spécialistes des venins.

## AU NIVEAU DU CORPS, IL REPRÉSENTE

- Le clitoris, l'anus, le rectum, le coccyx.
- C'est un signe d'eau.
- Il est féminin.
- Son symbole astrologique est un “m” dont le dernier jambage se termine par une petite flèche.

♏

# LE SAGITTAIRE

**NEUVIÈME SIGNE**

COULEUR : *bleu lumineux.*
FONCTION : *il s'élance.*

***Ce signe est représenté par un* CENTAURE *qui tire à l'arc.***

C'est-à-dire un corps de cheval surmonté d'un tronc humain,

- C'est un cheval.

A ce titre, il est en rapport avec la force animale, la course, l'équitation, la chasse, les sports de plein air.

- C'est un archer.

Par l'arc et la flèche qui vole au loin, il est en rapport avec les grands voyages, l'étranger, l'aventure.

- La flèche du Sagittaire pointe vers le centre de notre galaxie, elle vise le système galactique, dans lequel s'intègre notre système solaire.

***On va donc trouver dans cette image les plans supérieurs de l'être et du monde, la spiritualité, la hiérarchie.***

## A RETENIR : LE SAGITTAIRE SYMBOLISE

- Le sport, l'équitation, les grands espaces, l'étranger, les voyages lointains.
- L'enthousiasme, l'élan, la générosité, la Tradition, la hiérarchie, l'enseignement, la spiritualité.

## MAIS AUSSI

- La vanité, l'excès. C'est le signe des diplomates, des ambassadeurs, des explorateurs, des dompteurs, des cavaliers, des sportifs, des enseignants, des cadres, des administrateurs.

## AU NIVEAU DU CORPS, IL REPRÉSENTE

- Les cuisses, les organes sexuels externes mâles, le sperme, le foie.
- C'est un signe de feu.
- Il est masculin.
- Son symbole astrologique est une flèche qui pointe en haut et à droite.

♐

♑

# LE CAPRICORNE

**DIXIÈME SIGNE**

COULEUR : *noire ou marron foncé.*
FONCTION : *il réfléchit.*

***Il est représenté par une* CHÈVRE *à queue de poisson.***

- La chèvre est un animal qui grimpe le long des pentes rocheuses, et se retrouve seule au sommet. Elle se nourrit de peu.

***La chèvre sera donc en rapport avec l'effort, la discipline, l'élévation, l'ambition, la solitude.***

- La montagne met le Capricorne en rapport avec les pierres, l'alpinisme, la neige, le froid, les hauteurs.

- La queue de poisson met ce signe en rapport avec les profondeurs abyssales, le repli sur soi, la méditation.

### A RETENIR : LE CAPRICORNE SYMBOLISE

- L'ambition, l'effort, la discipline, la méthode, la persévérance, la réflexion, la concentration, l'ascèse.
- La montagne, les mines, les rochers, la pierre, le sérieux, la vieillesse.

### MAIS AUSSI

- Les obstacles, les lenteurs, la mélancolie, la solitude, l'avarice, la stérilité, la sécheresse.
- C'est le signe des savants, des scientifiques, des chercheurs, des ermites, des moines, des politiciens, des géologues, des techniciens, des travailleurs du froid et des métaux.

### AU NIVEAU DU CORPS IL REPRÉSENTE

- Le squelette, le genou, les articulations, les dents, la rate.
- C'est un signe de terre.
- Il est féminin.
- Son symbole astrologique est une corne en vrille.

♒

# LE VERSEAU

**ONZIÈME SIGNE**

COULEUR : *violet foncé.*
FONCTION : *il invente.*

***Il est représenté par un* JEUNE HOMME *qui penche une cruche d'où s'échappe tantôt une onde, tantôt une pluie d'étoiles.***

En-dessous de lui se trouve un poisson qui ouvre la bouche dans laquelle l'onde se déverse : le Poisson austral.

**Le jeune homme est l'échanson des dieux et les dieux sont les astres.** Il s'agit donc essentiellement d'ondes cosmiques. Mais aussi de l'eau qui jaillit des sources ainsi que de l'eau canalisée.

- L'onde cosmique est en rapport avec l'espace cosmique.

***Le Verseau se reliera donc à tout ce qui a trait à l'espace : l'aviation, l'astronautique, les extra-terrestres, l'astronomie et l'astrologie.***

- Les ondes, d'une façon générale, mettent le Verseau en relation avec tout ce qui est ondulatoire : l'électronique, l'électricité, la radioactivité, le sytème nerveux, l'intelligence artificielle. Tout se qui se rattache aux vibrations.
- L'onde aqueuse met le Verseau en relation avec les jeux d'eau, les jets d'eau, les canalisations.

### A retenir : le Verseau symbolise

- L'espace intersidéral, la science fiction, le futur, les ondes, l'informatique, la communication, la publicité, la TV, les images virtuelles.
- L'intelligence, le génie, l'invention, les idées, la liberté.
- Les changements soudains.

### Mais aussi

- La folie, l'excentricité.
- C'est le signe des inventeurs, des savants, des astrologues et des astronomes, des astronautes, des gens de télévision, de cinéma, de communication, des conducteurs de TGV, des plombiers.

### Au niveau du corps, il représente

- Les jambes et les chevilles, le sytème nerveux.
- C'est un signe d'air.
- Il est masculin.
- Son symbole astrologique : deux ondes superposées.

♒

# LES POISSONS

**DOUZIÈME SIGNE**

COULEUR : *bleu-vert.*
FONCTION : *il prie.*

***Il est représenté par* DEUX POISSONS *reliés par un lien.***

Autrefois, l'un des deux Poissons représentait une femme à queue de poisson, Vénus la déesse de l'amour tombée dans l'océan.

- Les poissons évoquent l'Océan.

***Les Poissons seront donc en rapport avec la mer, les marins, les bateaux, la pêche.***

- L'eau des Poissons évoque l'eau mystérieuse des profondeurs océaniques au fond desquelles les poissons se cachent.

***Les Poissons se relieront au mystère, du secret à la fuite.***

- La surface de l'eau forme un miroir qui renvoie l'image de ce qui s'y reflète.

***Les Poissons seront en rapport avec l'image, la photo, l'illusion.***

- C'est dans l'Océan que tout se dissout comme le sel dans l'eau.

Les Poissons évoquent la dissolution dans le grand tout, la dissolution du moi, la perte de l'ego afin d'accéder à un autre univers.

Vénus représentée par l'un des Poissons indique l'importance de l'amour pour ce signe.

## A RETENIR : LES POISSONS SYMBOLISENT

- La mer, les voyages par mer, et tout ce qui s'y rapporte.
- L'imagination, la poésie, la musique, le rêve, l'art, la photo, le mysticisme, la religion, le sacrifice, la voyance. L'amour sous toutes ses formes : l'amour passion, l'amour mystique, l'amour compassion.

## MAIS AUSSI

- La drogue, la fuite, le suicide, le spleen, la paresse, le découragement.
- C'est le signe des médecins, des religieux, des artistes, des marins, des pêcheurs, des voyants, des photographes, des hôteliers, des gens qui vendent des boissons..

## AU NIVEAU DU CORPS, ILS REPRÉSENTENT

- Les pieds, les muqueuses.
- C'est un signe d'eau.
- Il est féminin.
- Son symbole astrologique : deux poissons stylisés, reliés par un lien.

♓

# II. Les douze cases du zodiaque tropique où sont-elles, qui sont-elles ?

Elles proviennent du deuxième découpage du zodiaque en douze. Ce deuxième découpage provient de l'obliquité de l'axe de la Terre. Vue de la Terre, la sphère céleste, notre environnement cosmique, est ceinturée obliquement par le zodiaque de sorte que sa ligne centrale, l'écliptique *(route suivie par le Soleil)* coupe l'équateur céleste *(prolongement de l'équateur terrestre)* en deux points, gamma et gamma prime, suivant le schéma ***(figure 3 ci-dessous).***

Le Soleil part donc de son point le plus bas, point solsticial d'hiver pour les habitants de l'hémisphère nord *(mais d'été pour ceux de l'hémisphère sud).* Il s'élève vers le Nord, coupe l'équateur céleste au point gamma, point équinoxial du printemps *(pour les habitants de l'hémisphère nord),* continue jus-

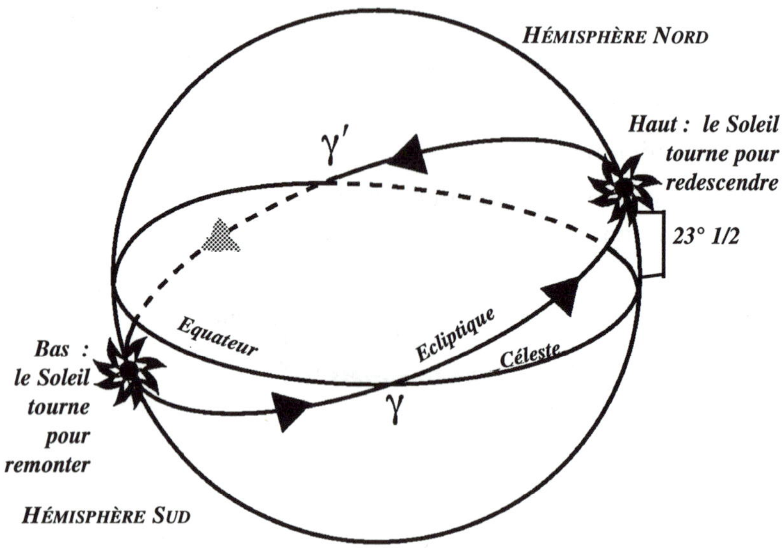

qu'à son point le plus haut à sa plus grande déclinaison nord *(23°5)* au point solsticial d'été. Arrivé là il culmine, puis il tourne *(en grec "tropikos" signifie changement de direction)* redescend vers le Sud, coupe l'équateur au deuxième point équinoxial, gamma prime, continue à descendre vers son point le plus bas au point solsticial d'hiver *(pour les habitants de l'hémisphère nord),* soit à son point de déclinaison maximum au Sud 23°5 Sud *(la déclinaison est la distance vers le Nord ou le Sud par rapport à l'équateur céleste).* Nous avons donc quatre points clefs qui vont permettre la division en douze de ce zodiaque que l'on appelle "tropique" par rapport au sidéral parce que ce qui compte dans sa division c'est qu'il monte et descend; il tourne et change de direction, du mot grec, "tropikos".

## A. Voici la structure du zodiaque tropique suivant la figure *(figure 4 ci-dessous).*

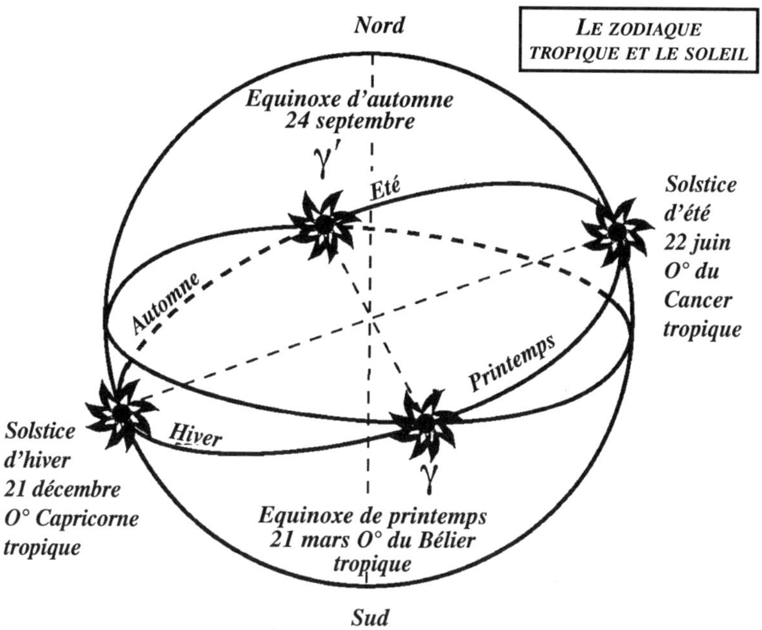

**1) Il est partagé en quatre par les points solsticiaux et équinoxiaux. Il est en fait structuré sur une croix.**

Cette croix est formée d'une part, avec la ligne qui joint les points équinoxiaux et d'autre part, avec la ligne qui joint les points solsticiaux.

**2) Cette croix délimite quatre quadrants correspondant aux quatre saisons des pays tempérés.**

**PRINTEMPS**

Correspond à la zone située entre le point gamma et le point solsticial d'été.

**ETÉ**

Correspond à la zone située entre le point solsticial d'été et le point gamma prime.

**AUTOMNE**

Correspond à la zone située entre le point gamma prime et le point solsticial d'hiver.

**HIVER**

Correspond à la zone située entre le point solsticial d'hiver et le point gamma.

**3) L'axe des solstices partage le zodiaque tropique en deux.**

On distingue ainsi :

**UNE ROUTE MONTANTE**

Qui va du point solsticial d'hiver au point solsticial d'été. Quand la Lune parcourt cette zone, on dit qu'elle est montante ***(figure ci-contre 5).***

**UNE ROUTE DESCENDANTE**

Qui va du point solsticial d'été au point solsticial d'hiver. Lorsque la Lune parcourt cette zone, on dit qu'elle est descendante.

*Figure 5*

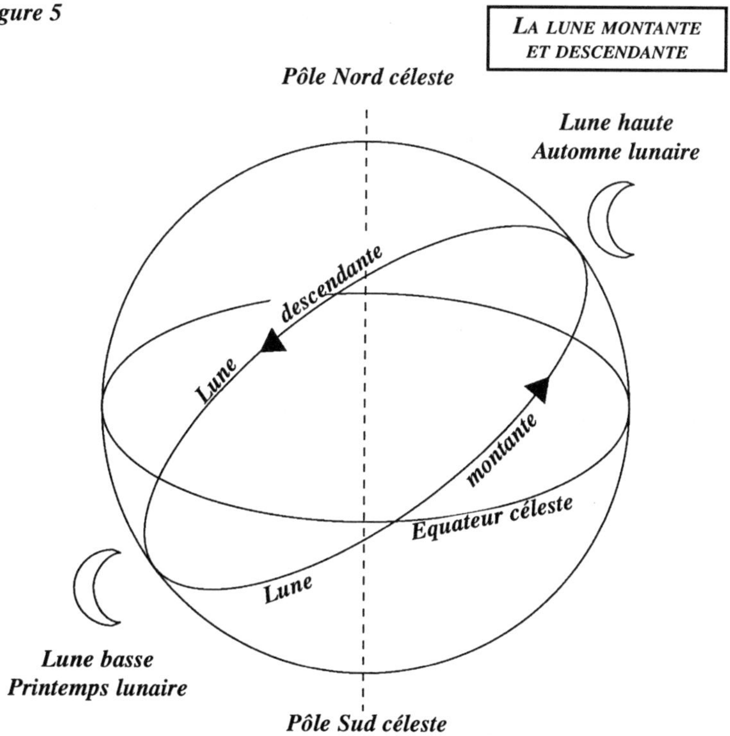


**4) Chaque quadrant est à son tour divisé en trois, ce qui fait douze cases de 30° degrés chacune.**

## B. CES DOUZE CASES DU ZODIAQUE TROPIQUE DANS L'ANTIQUITÉ SE NOMMAIENT "DODÉCATÉMORIES" ET NE PORTAIENT PAS LES NOMS D'ANIMAUX.

**1)** Elles étaient numérotées à partir généralement du point vernal **ou plutôt elles permettaient de numéroter les signes sidéraux** à partir du point vernal, **un, deux, trois ou encore A, B, C,** etc.

**2) Aujourd'hui, on a transféré les signes Bélier, Taureau, Gémeaux, etc... aux dodécatémories attribuant le Bélier à la première dodécatémorie et ainsi de suite *(figure 6 ci-dessous).***

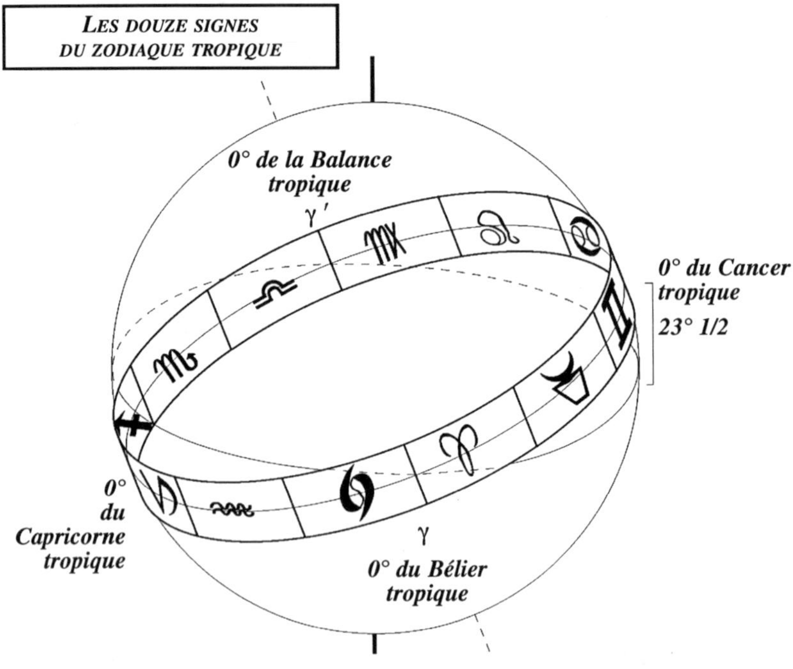


**3) Alors que dans l'antiquité :**

- les cases un, quatre, sept et dix *(aujourd'hui ce sont les signes modernes : Bélier, Cancer, Balance et Capricorne)* marquaient les signes **cardinaux.**
- Les cases deux, cinq, huit et onze *(aujourd'hui les signes modernes : Taureau, Lion, Scorpion et Verseau)* marquaient les signes **fixes.**
- Les cases trois, six, neuf et douze *(aujourd'hui les signes modernes : Gémeaux, Vierge, Sagittaire et Poissons)* marquaient les signes **mutables**.

## C. Vu de la Terre, le zodiaque des étoiles glisse le long du zodiaque tropique (c'est le phénomène dit de la précession des équinoxes).

### Avec pour conséquence

**1)** Les cases du zodiaque tropique sont remplies successivement au fil des millénaires par les signes sidéraux.

De cette sorte sur les cartes du ciel, les points équinoxiaux et solsticiaux se déplacent le long des signes sidéraux. Il y a changement de signe tous les 2160 ans.

Il y a justement à peu près deux mille ans, la première dodécatémorie était remplie par le signe sidéral du Bélier.

Le point vernal commençait à mordre sur le signe sidéral des Poissons.

Aujourd'hui presque tout le signe des Poissons est dans la case "un" du zodiaque tropique. Bientôt le point vernal entrera dans le signe sidéral du Verseau. L'influence du Verseau se fait donc sentir.

**2)** Lors du dernier changement d'ère, les grandes civilisations qui s'articulaient autour de l'astrologie s'écroulèrent; les temples furent fermés et on perdit presque tout de l'astrologie.

**3)** Comme on avait perdu les connaissances astrologiques et comme le Bélier sidéral se trouvait dans la première dodécatémorie, on confondit signe et dodécatémorie et c'est ainsi que le zodiaque se transmit en Occident profondément altéré tandis que les Hindous continuèrent la Tradition.

**4)** Si bien qu'aujourd'hui en Occident, on a perdu le zodiaque sidéral; on l'utilise seulement pour les ères; ce qui est évidemment une absurdité.

**5)** Cette utilisation erronée n'a évidemment pas été suivie par tout le monde.

Les initiés de l'ère des Poissons, la nôtre, ont de tout temps utilisé le zodiaque sidéral. Ils nommaient le zodiaque tropique : zodiaque vulgaire *(par rapport au plus grand nombre),* et le zodiaque sidéral : zodiaque des mages (en référence aux Mésopotamiens).

**6) Aujourd'hui :**

- La recherche historique confirme bien que les signes avaient été attribués par les Anciens *(Babyloniens, Egyptiens, Indiens)* au zodiaque sidéral.
- Aussi, les astronomes reprochent-ils aux astrologues l'utilisation du zodiaque tropique et leur refus de tenir compte du décalage précessionnel..
- Grâce à l'information qui commence à circuler, un courant croissant d'astrologues qui expérimentent, ont abandonné l'utilisation des signes tropiques pour celle des signes sidéraux.
- Mais cette utilisation ne passe pas dans le grand public à cause des médias qui refusent d'en parler parce que "c'est trop compliqué".
- Bien que cet ouvrage se veuille clair et simplifié, ce n'est pas une raison, je pense, pour cacher aux lecteurs la vérité et continuer à les induire en erreur. Si toutes ces explications vous semblent compliquées, n'ayez crainte la pratique est très simple.

## D. SIGNIFICATION ASTROLOGIQUE DES DOUZE SIGNES TROPIQUES *(figure 7 ci-contre).*

### 1) Suivant qu'ils seront cardinaux, fixes et mutables, les signes tropiques vont nuancer les qualités attribuées aux signes sidéraux.

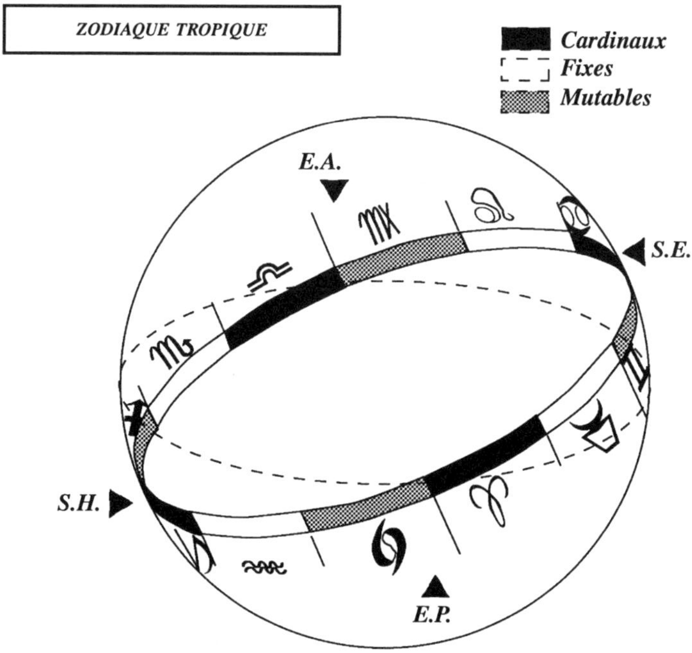


*a* - ***Les signes cardinaux qui sont également appelés mobiles :*** **BÉLIER** ***tropique***, **BALANCE** ***tropique***, **CANCER** ***tropique*** et **CAPRICORNE** ***tropique*** vont donner de la force, du mouvement, de l'initiative et des changements probables de situation au cours de la vie.

**Ces caractéristiques vont donc, pour notre époque, être attribuées à la majeure partie des signes sidéraux suivants : POISSONS, VIERGE, GÉMEAUX ET SAGITTAIRE.**

*b* - ***Les signes fixes*** vont apporter aux signes sidéraux de la stabilité et de la fermeté.

*c* - ***Les signes mutables*** vont apporter aux signes sidéraux la capacité de transformation, de mutation.

Mais dans la pratique, les signes tropiques vont surtout être utilisés en astrologie mondiale où ils peuvent être considérés comme les Maisons de la Terre. Au niveau mondial par exemple, les planètes seront plus fortes dans les signes cardinaux et leurs passages aux points équinoxiaux et solsticiaux seront importants.

**2) Le zodiaque tropique, en tant que route montante et descendante pour les planètes, va aussi moduler l'action de celles-ci *(figure 8 ci-dessous).***

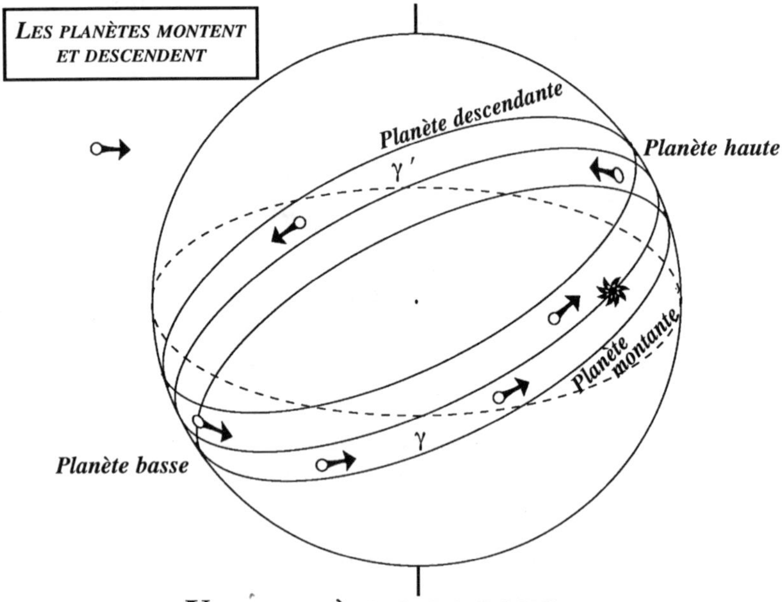


**UNE PLANÈTE SERA DONC :**

- Montante depuis le 0° du Capricorne tropique jusqu'à 0° du Cancer tropique.
- Descendante depuis le 0° du Cancer tropique jusqu'à 0° du Capricorne tropique.
- Haute à partir du Bélier tropique jusqu'à la Balance tropique, en passant par le Cancer où elle sera très haute,
- Basse entre la Balance et le Bélier en passant par le Capricorne où elle sera très basse. Cette qualification jouera particulièrement dans le cas de la Lune et du Soleil. En fait, pour cet ouvrage d'initiation à l'astrologie, il suffit d'utiliser le

zodiaque tropique comme zodiaque de calcul tout en gardant en mémoire que les signes cardinaux sont plus forts et qu'une planète haute est davantage marquée par la spiritualité.

**ET POUR TERMINER :**

- Le zodiaque sidéral est universel, valable pour n'importe quel point du globe.
- Le zodiaque tropique est global, il doit être inversé dans l'hémisphère Nord et totalement différent à l'équateur *(les planètes sont hautes dans le Bélier et la Balance et basses dans le Capricorne et le Cancer !)*

# III. La pratique simultanée des deux zodiaques

**Elle est simple :** on utilise conjointement les deux zodiaques suivant le diagramme ci-joint ***(figure 9 ci-dessous),*** valable pour notre époque.

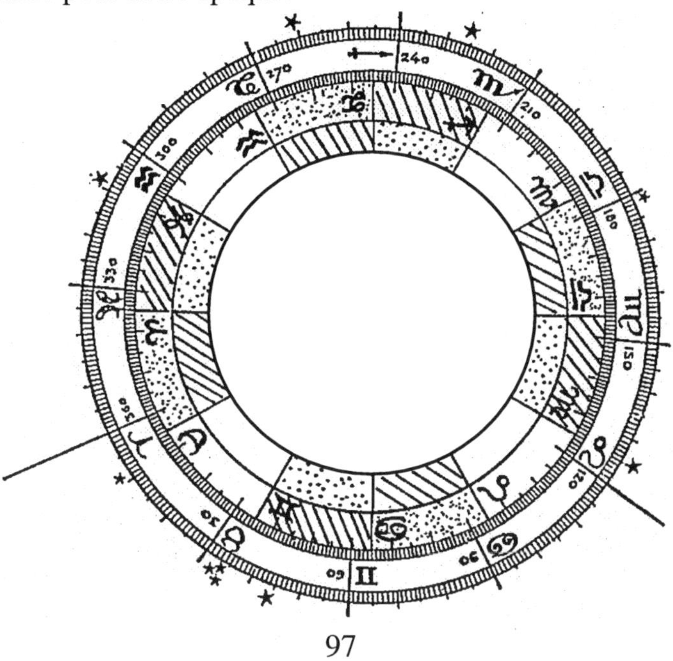

Sur ce diagramme, le cercle intérieur représente le zodiaque tropique. Nous l'utiliserons essentiellement comme zodiaque de calcul. Le cercle extérieur représente le zodiaque sidéral. Nous l'utiliserons essentiellement comme zodiaque d'interprétation astrologique.

**CEPENDANT, ON VOIT QUE :**

- ***La plus grande partie (le signe moins 5°) des signes sidéraux suivants :***

  **POISSONS, VIERGE, GÉMEAUX ET SAGITTAIRE, EST CARDINALE.**

- ***La plus grande partie des signes sidéraux suivants :***
  **BÉLIER, CANCER, BALANCE ET CAPRICORNE, EST FIXE.**
- ***La plus grande partie des signes sidéraux suivants :***
  **VERSEAU, SCORPION, LION ET TAUREAU, EST MUTABLE.**

On comprend alors qu'un Soleil en Bélier sidéral n'aura pas les mêmes qualité au XXème siècle après J. C. qu'au IIIème millénaire avant J. C. puisque l'un sera mutable et l'autre cardinal.

**REMARQUE :**

En Occident, les astrologues qui utilisent le zodiaque sidéral utilisent souvent les noms latins pour désigner les signes sidéraux et les noms français pour désigner les signes tropiques ou saisonniers.

***Voici ces noms latins pour désigner les signes sidéraux :***

| | |
|---|---|
| **ARIÈS DÉSIGNE LE BÉLIER** | **TAURUS, LE TAUREAU** |
| **GEMINI, LES GÉMEAUX** | **CANCER, LE CANCER** |
| **LEO, LE LION** | **VIRGO, LA VIERGE** |
| **LIBRA, LA BALANCE** | **SCORPIO, LE SCORPION** |
| **SAGITARIUS, LE SAGITTAIRE** | **CAPRICORNUS, LE CAPRICORNE** |
| **AQUARIUS, LE VERSEAU** | **PISCES, LES POISSONS** |

# Résumé

**1)** Il y a, non pas un, mais deux zodiaques.

**2)** Le zodiaque, dont on parle dans les journaux occidentaux, est structuré sur les saisons, mais dans l'antiquité, ce n'est pas sur ce zodiaque qu'ont été attribués les douze signes Bélier, Taureau, etc. Ce zodiaque correspond, en quelque sorte, aux maisons de la Terre.

**3)** Le zodiaque sidéral, celui dont en Occident on ne vous parle pas parce que c'est compliqué, est celui de l'antiquité et c'est le vrai zodiaque des signes Bélier, Taureau, etc. Il est toujours utilisé par les orientaux.

**4)** En Occident, on a confondu ces deux zodiaques parce que lorsque l'astrologie s'est répandue dans le monde, l'ascendant de la terre, c'est à dire le premier signe à partir du point vernal, était dans le Bélier. Autrement dit, le Soleil entrait dans le signe sidéral du Bélier, le 21 mars.

**5)** Aujourd'hui, les deux zodiaques sont décalés de la quasi totalité d'une case. L'Ascendant de la Terre est Poissons le 21 mars. Le Soleil se trouve à 5° des Poissons sidéral et bientôt il sera Verseau. C'est pourquoi l'ère du Verseau se fait sentir.

**6)** Dans la pratique, utilisez le diagramme comprenant les deux zodiaques superposés suivant les leçons suivantes. Le zodiaque tropique vous servira de zodiaque de calcul, le zodiaque sidéral de zodiaque d'interprétation. Vous pourrez ainsi comparer les deux, donner à chacun leur rôle, vérifier le bien-fondé du zodiaque antique et du retour à la Tradition, en jugeant par vous-mêmes.

# Leçon 6

# LES DOUZE CASES DU DESTIN : LES MAISONS

***Les Maisons représentent les différents secteurs du destin, les domaines dans lesquels les planètes vont agir. Aussi sont-elles les clefs de l'interprétation.***

## A. OÙ SE TROUVENT LES MAISONS ?

Les lieux exacts où se trouvent les Maisons varient selon les astrologues et font l'objet de discussions depuis des siècles. La raison de cette confusion est que les clefs de l'astrologie devaient être tenues secrètes. Aussi nous n'avons aucun texte ancien authentique qui soit clair à ce sujet. Je ne vais pas vous donner tous les systèmes de Maisons, cela ne vous servirait qu'à vous embrouiller.

Par contre, j'ai choisi de vous faire part des recherches les plus sérieuses qui ont été faites ces dernières années, dans ce domaine et partant de ces recherches de vous simplifier l'existence au maximum.

## I. *Voici, tout d'abord, ce qu'il faut savoir et qui fait l'unanimité chez les astrologues :*

**1) Les Maisons sont les angles sous lesquels le sujet reçoit les influences des astres par rapport à l'horizon.**

Trois référentiels vont être à la base de la structure des Maisons

- le zodiaque,
- l'horizon,
- le méridien du lieu.

***(Regardez la figure 1 ci-dessous)***

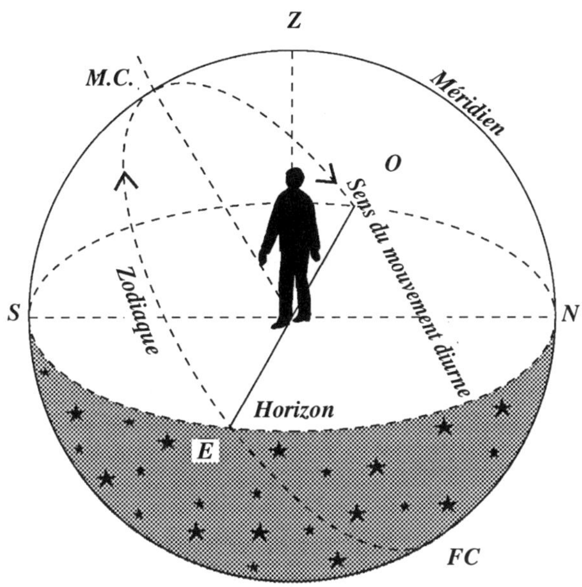

**2) Ces référentiels vont nous donner tout d'abord quatre angles.**

Les deux points d'intersection du zodiaque avec l'horizon ainsi que les deux points d'intersection du zodiaque avec le méridien vont nous donner quatre angles.

Ces quatre angles représentent les quatre Maisons principales ou angulaires.

- La Maison qui se trouve à l'Est à l'intersection de l'horizon et du zodiaque : c'est l'**ASCENDANT.**

Elle se nomme ainsi parce que à cet endroit, le ciel s'élève au-dessus de l'horizon *(le mot ascendant comme le mot ascenseur vient du latin "ascendere" qui veut dire monter).* C'est là où le Soleil se lève.

**L'ASCENDANT EST DONC LA PARTIE DU CIEL QUI S'ÉLÈVE À L'EST AU-DESSUS DE L'HORIZON.**

- La Maison qui se trouve à l'Ouest, à l'intersection de l'horizon et du zodiaque : c'est le **DESCENDANT.**

Elle se nomme ainsi parce que à cet endroit, le ciel descend sous l'horizon. C'est là où le Soleil se couche.

**LE DESCENDANT EST DONC LA PARTIE DU CIEL QUI SE COUCHE À L'OUEST, QUI DESCEND SOUS L'HORIZON.**

- La Maison qui se trouve en haut, à l'intersection du Méridien et du zodiaque : c'est le **MILIEU DU CIEL**.

C'est là que le Soleil se trouve lorsqu'il est midi : il est au plus haut de sa course.

**LE MILIEU DU CIEL EST DONC LA PARTIE DU CIEL QUI CULMINE EN HAUT AU-DESSUS DE L'HORIZON.**

• La Maison qui se trouve en bas, à l'intersection du zodiaque et du méridien, s'appelle le **Fond du Ciel**.

C'est le "fond", la partie la plus profonde de la sphère céleste par rapport à l'endroit et au lieu considérés.

Les planètes s'y trouvent à l'opposé du Milieu du Ciel. C'est là que le Soleil se trouve lorsqu'il est minuit.

**Le Fond du Ciel est donc la partie du Ciel qui culmine en bas sous l'horizon.**

Ces quatre lieux sont les endroits où les planètes jouent avec le plus de force et marquent davantage la personnalité du sujet, et par voie de conséquence, son destin.

## 3) Ces référentiels nous donnent aussi quatre quadrants :

On constate en effet (***figure 2 ci-dessous***) :

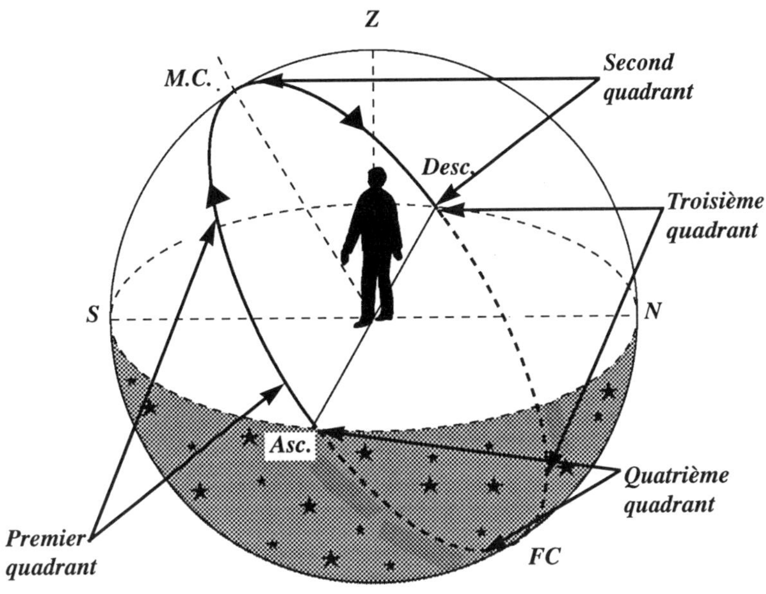

- Que l'horizon coupe la sphère céleste en deux parties, ce qui nous donne une moitié au-dessus de l'horizon et une moitié au-dessous.
- Que le méridien coupe également la sphère céleste, ce qui nous donne une moitié à l'Est et une moitié à l'Ouest.

Nous avons donc quatre quarts ou quadrants délimités par les quatre angles.

- **Le premier quadrant** se trouve entre l'Ascendant et le Milieu du Ciel. Traditionnellement, il correspond à **l'enfance.**
- **Le deuxième quadrant** se trouve entre le milieu du Ciel et le Descendant : c'est le quadrant de la **jeunesse.**
- **Le troisième quadrant** se trouve entre le Descendant et le Fond du Ciel : c'est le quadrant de **l'âge mûr**.
- **Le quatrième quadrant** se trouve entre le Fond du Ciel et le Descendant : c'est le quadrant de la **"tremblante vieillesse"** disaient les Anciens.

### 4) Chaque quadrant va être divisé en trois :

De façon à avoir, dans chaque quadrant, deux maisons intermédiaires entre les maisons angulaires.

Si bien que nous avons six Maisons au-dessus de l'horizon, six au-dessous, ou encore six Maisons à l'Est, six Maisons à l'Ouest, trois Maisons dans chaque quadrant, soit douze Maisons.

## II. *Voici maintenant les problèmes.*

Il y a deux problèmes principaux :

### 1) Le premier consiste à trouver les limites exactes des Maisons.

Par exemple, les uns disent que les maisons angulaires doivent se trouver à cheval sur les quatre angles, les autres avant, les autres après.

**2) Le deuxième consiste à se mettre d'accord sur le sens des Maisons.**

Vous devez savoir :

**QUE LA MAJORITÉ DES ASTROLOGUES AUJOURD'HUI COMPTENT LES MAISONS DANS LE SENS DES SIGNES, MAIS QUE, D'APRÈS LES DIFFÉRENTS CHERCHEURS, C'EST UNE ERREUR...**

En effet, la majorité des astrologues se contentent de répéter ce qu'ils ont appris pensant que les règles de l'astrologie, science traditionnelle et vénérable, n'ont pas à être remises en question, tant que l'on a pas compris comment cette science fonctionnait. De ce point de vue, ils ont raison et tant qu'il n'y a pas de nouvelles données susceptibles de bouleverser ces règles, on doit les respecter. Or, ce qu'on leur a appris c'est de compter les maisons dans le sens des signes.

Le problème c'est que l'histoire antique de l'astrologie, jusqu'à ces dernières décennies, était très mal connue et en particulier celle des maisons.

Par contre, depuis environ cinquante ans, grâce à la recherche historique *(grâce à la traduction des anciennes tablettes mésopotamiennes notamment)*, grâce à la recherche statistique, qui est une science récente, et grâce à l'intérêt nouveau porté à l'astrologie par des universitaires, grâce enfin à l'informatique, il apparaît que le sens des maisons, sens des signes, est erroné, et qu'il s'agirait d'une erreur de transmission dûe aux Grecs et qui aurait eu lieu au début de l'ère chrétienne.

**... IL FAUT DONC COMPTER LES MAISONS DANS LE SENS DU MOUVEMENT DIURNE D'AUTANT QUE C'EST JUSTEMENT CE MOUVEMENT DIURNE QUI EST À L'ORIGINE DES MAISONS.**

Il n'est pas question ici d'entrer dans le détail des recherches ayant abouti à cette conclusion, mais sachez que Mme Gauquelin, après avoir confronté ses données statistiques à celles des tablettes chaldéennes, attribue cette erreur de l'inversion des maisons à Ptolémée *(deuxième siècle de notre ère).*

Or avant Ptolémée, nous n'avons pas de détail sur les maisons. Heureusement tout de même, avant lui, nous avons Manilius qui, à l'époque du Christ, plaçait les quadrants comme nous vous les avons donnés dans le sens du mouvement diurne. Quant aux maisons, il ne leur donnait pas de numéro mais des noms. Or, ces noms correspondent, malgré la confusion du texte, aux significations des maisons comptées dans les sens du mouvement diurne.

Voici donc, suivant la recherche actuelle, comment placer les maisons visuellement *(dans la leçon VI "Monter un thème" nous verrons comment les placer sur la carte du ciel)* ainsi que leurs significations simplifiées **(*figures 3 et 4*).**

***Figure 3***

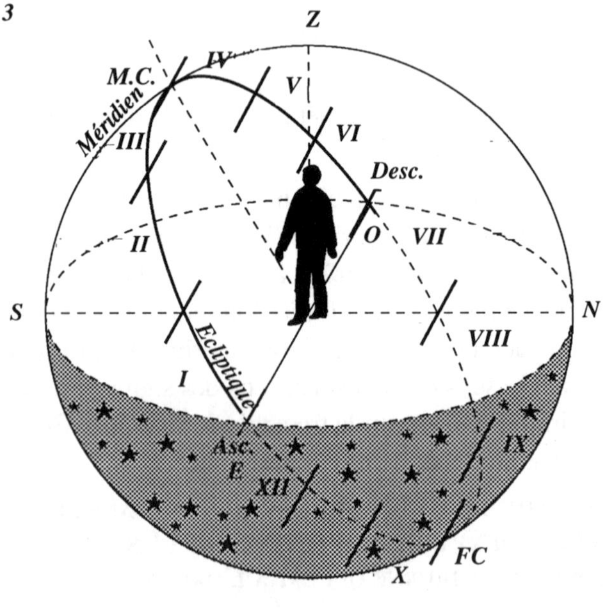

*Figure 4*

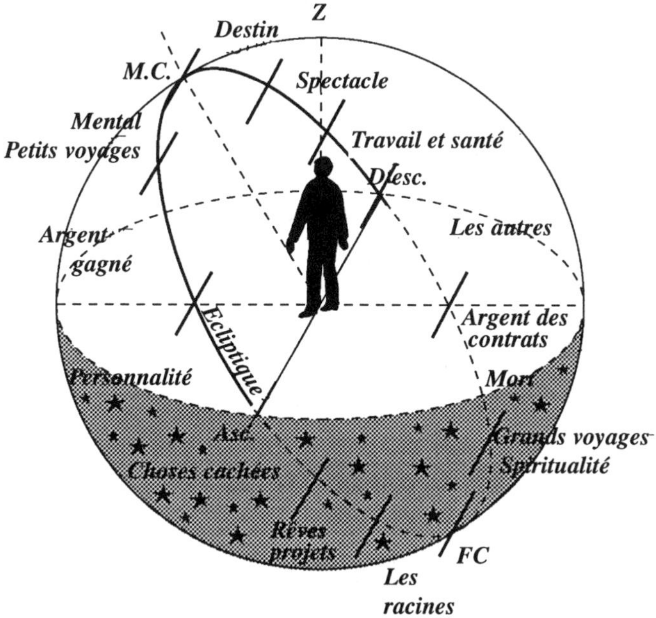


Nous pouvons alors passer au détail de ces significations.

## B. Signification détaillée des maisons ?

### La Maison I ou Ascendant

C'est celle qui se lève.

***Elle représente :***

- La vie, la personnalité du sujet, son tempérament, son apparence physique.

### La Maison II

***Elle représente :***

- Le secteur de l'argent gagné à la sueur de son front. Elle se relie donc au travail.

## La Maison III

***Elle représente :***

- Le secteur du mental, des petits déplacements, de la communication à courte distance, les études, le commerce..
- L'environnement du sujet, ses frères et sœurs.

## La Maison IV

***(Signification de la X dans le système erroné)***

### C'est le M. C.

C'est celle qui se trouve en haut , elle culmine.

***Elle représente :***

- La réussite socio-professionnelle, le métier, la vie publique, les honneurs, les succès du sujet.
- Sa mère. *(On voit ainsi qu'il y a un lien entre le rôle de la mère et la réussite du sujet).*

## La Maison V

***Elle représente :***

- Les amours, les plaisirs, les créations, les violons d'Ingres du sujet, les spectacles dans lesquels il peut se manifester.
- Ses enfants.

## La Maison VI

***Elle représente :***

- Le travail, la santé du sujet, les capacités du sujet pour le domaine médical.
- Son conjoint, ses employés, ses petits animaux familiers.

## La Maison VII

### ou Descendant

Elle se trouve en face de la Maison I qui représente le sujet. C'est celle qui descend sous l'horizon.

***Elle représente :***

- Les autres, les contacts avec les autres, c'est-à-dire le comportement du sujet avec les autres personnes et le genre de personnes qu'il va rencontrer. Ses ennemis, ses associés.
- Ses mariages, ses contrats, ses procès.

## La Maison VIII

***Elle représente :***

- La mort du sujet, les maladies susceptibles de lui donner la mort, ses deuils, ses héritages, l'argent des contrats ou du conjoint.
- Mais aussi ses initiations *(la mort initiatique),* ses dons pour l'occulte et le déchiffrement des choses cachées, sa sexualité.

## La Maison IX

***Elle représente :***

- Les grands voyages du sujet. Ce qui se rapporte à l'étranger dans la vie du sujet.
- Ce qui se rapporte à l'enseignement, l'administration, à la loi dans la vie du sujet.
- Son intérêt et ses dons pour la métaphysique, son idéal religieux.
- Son père *(on voit donc ici l'importance du père dans les domaines en rapport avec cette Maison).*

## La Maison X

***(Signification de la IV dans l'autre système)***

### Le Fond du Ciel

Elle se trouve en face du MC.

***Elle représente :***

- L'ambiance du foyer durant la petite enfance et celle créée par le sujet. Ce qui se rapporte à la maison.
- Son hérédité.

## La Maison XI

***Elle représente :***

- Les rêves, les espoirs, les projets du sujet.
- Ses dons pour le travail en équipe, pour la publicité, la communication, la politique.
- Les amis du sujet, ses relations mondaines.

## La Maison XII

***Elle représente :***

Les épreuves du sujet, ses maladies chroniques, ses hospitalisations, sa solitude, ses risques d'emprisonnement.

Les possibilités qu'il peut avoir de travailler dans des lieux clos ou fermés *(zoos, prisons, hôpitaux, lieux souterrains pour la recherche - concernant la défense par exemple -, abris antiatomiques, couvents, ermitages).*

- La recherche intérieure du sujet.
- Ce qui est secret ou caché dans sa vie.
- Les ennemis non déclarés du sujet.
- Les grands animaux qui peuvent s'immiscer dans sa vie *(par exemple pour les gens qui travaillent dans les zoos ou dans les réserves).*

# Leçon 7

# MONTER UN THÈME

## I. Placer les maisons

Il n'y a pas de miracle ni de petits tableaux tout faits vous permettant de placer correctement vos maisons sans calcul.

Vous pouvez toutefois monter un thème d'une façon très approximative. Pour cela, nous vous donnerons en fin de leçon une méthode “au pif”.

Commençons donc par le calcul.

### Il vous faut trois ouvrages :

- Un Traité de l'heure dans le Monde. *(ou une mémoire d'éléphant) (Régimes Horaires pour le Monde entier de Henri le Corre. Editions traditionnelles).*
- Des Ephémérides astrologiques. *(Ephemerides. The rosicrucian ephemeris),* tables de positions planétaires pour chaque jour.
- Un Livre de tables des Maisons *(Edition internationale Maison rosicrucienne).*

### La méthode :

**1) Notez la date de naissance du sujet : jour, mois, année, son heure légale,** - H. L. - **(celle de la montre), son lieu de naissance.**

> ***Exemple : Juliette née à 16 heures, le 25 décembre 1984, à Paris, France.***

**2) Prenez votre traité de l'heure dans le monde.**

**Cherchez les coordonnées du lieu de naissance : longitude et latitude et notez-les.**

Nous ouvrons le traité de l'heure dans le Monde à France et cherchons Paris. Paris étant la capitale, elle est notée en haut du chapitre France.

***Nous lisons (Tableau 1 ci-contre) :***

Paris 48N 50 0 h 09 m 21 Est

***Ce qui signifie :***

Une latitude de 48°50' Nord et une longitude en temps de 0 heure 9 minutes et 21 secondes.

*(Pour les autres villes du même pays, cherchez dans les pages suivantes à localisation géographique des principales villes, exemple)* ***(Tableau 2 page ci-contre).***

| | | | | | |
|---|---|---|---|---|---|
| Lesti | 63 N 29 | 1 h 38 m 52 s E. | Polvi | 63 N 58 | 1 h 34 m 48 s E. |
| Lestijarvi | 63 N 32 | 1 h 38 m 40 s E. | Pulkkinen | 63 N 22 | 1 h 35 m 52 s E. |
| Lohtaja | 64 N 01 | 1 h 34 m 00 s E. | Ranttila | 63 N 02 | 1 h 33 m 48 s E. |
| Maksmaa | 63 N 14 | 1 h 29 m 00 s E. | Seinajoki | 62 N 45 | 1 h 31 m 40 s E. |
| Malaks | 62 N 55 | 1 h 26 m 00 s E. | Soini | 62 N 53 | 1 h 36 m 40 s E. |
| Moksy | 63 N 03 | 1 h 37 m 00 s E. | Solv | 63 N 01 | 1 h 27 m 20 s E. |
| Narpio | 62 N 28 | 1 h 25 m 16 s E. | Toysa | 62 N 38 | 1 h 35 m 20 s E. |
| Nurmo | 62 N 50 | 1 h 31 m 20 s E. | Ullava | 63 N 43 | 1 h 35 m 44 s E. |
| Nykarleby | 63 N 32 | 1 h 30 m 08 s E. | Vahakyro | 63 N 04 | 1 h 28 m 20 s E. |
| Oravainen | 63 N 18 | 1 h 29 m 40 s E. | Vimpeli | 63 N 10 | 1 h 35 m 20 s E. |
| Paalijarvi | 63 N 03 | 1 h 35 m 36 s E. | Virrat | 62 N 14 | 1 h 35 m 20 s E. |
| Paajila | 63 N 33 | 1 h 35 m 56 s E. | Vora | 63 N 10 | 1 h 29 m 00 s E. |
| Pantane | 62 N 22 | 1 h 28 m 20 s E. | Yliharma | 63 N 10 | 1 h 31 m 00 s E. |
| Perho | 63 N 15 | 1 h 37 m 40 s E. | Ylistaro | 62 N 58 | 1 h 30 m 00 s E. |
| Perkio | 63 N 04 | 1 h 30 m 40 s E. | | | |
| Pietersaari | 63 N 41 | 1 h 30 m 40 s E. | | | |

## FRANCE

→ Capitale : PARIS 48 N 50 0 h 09 m 21 s. Est.

Adopte le calendrier Grégorien le 20/12/1582, 24 h (n. st.).
Du 24 novembre 1793 au ler janvier 1806 : calendrier Républicain
Le ler janvier 1806, reprend le calendrier Grégorien.
Jusqu'au 14/3/1891, 24 h : temps local pour le pays (excepté Alsace-Lorraine à l'heure allemande jusqu'au 11 novembre 1918. Dépt Haut-Rhin, Bas-Rhin, Moselle (Thionville, Metz, Vallée de la Moselle, Nord-Est du Plateau Lorrain, Vallée de Schirmek et Ban de la Roche)

Du 15/3/1891, 0 h 01 au 11/3/1911, 0 h 01 = GMT + 0 h 09 m 21 s.
Du 11/3/1911, 0 h 01 au 16/9/1945, 1 h 00 = GMT + 0 h 00.
Depuis le 16/9/1945, 1 h 00 = GMT +1 h 00.

→ Heure d'été: (L'heure du changement est exprimée en temps GMT jusqu'en 1945 et en temps "légal" à partir de 1976).
GMT + 1 h 00

1916, 14/ 6, 23 h, au 1/ 10, 23 h
1917, 24/ 3, 23 h, au 7/ 10, 23 h
1918, 9/ 3, 23 h, au 6/ 10, 23 h
1919, 1/ 3, 23 h, au 5/ 10, 23 h
1920, 14/ 2, 23 h, au 23/ 10, 23 h
1921, 14/ 3, 23 h, au 25/ 10, 23 h
1922, 25/ 3, 23 h, au 7/ 10, 23 h
1923, 26/ 5, 23 h, au 6/ 10, 23 h
1924, 29/ 3, 23 h, au 4/ 10, 23 h
1925, 4/ 4, 23 h, au 3/ 10, 23 h
1926, 17/ 4, 23 h, au 2/ 10, 23 h
1927, 9/ 4, 23 h, au 1/ 10, 23 h

Pour Paris
1940, 25/ 2, 2 h, au 14/ 6, 22h = GMT + 1 h 00
1940, 14/ 6, 22 h, = GMT + 2 h 00

Pour Bordeaux
1940, 25/ 2, 2 h, au 1/ 7 2 h = GMT + 1 h 00
1940, 1/ 7, 2 h, = GMT + 2 h 00

Les villes ont adopté l'heure d'été allemande le jour de leur entrée en zone d'occupation.

Trévoux 45 N 57 0 h 19 m 04 s E.
Villars-les-Dombes
46 N 00 0 h 20 m 08 s E.

Arrond. de Gex
46 N 20 0 h 24 m 12 s E.
Collonges 46 N 08 0 h 23 m 40 s E.
Ferney-Voltaire
46 N 15 0 h 24 m 24 s E.

*Arrond. de Nantua*
46 N 09 0 h 22 m 24 s E.
Bellegarde-sur-Valserine
46 N 06 0 h 23 m 16 s E.
Brénod 46 N 03 0 h 22 m 24 s E
Izernore 46 N 13 0 h 22 m 12 s E.
Oyonnax 46 N 15 0 h 22 m 40 s E.
Poncin 46 N 05 0 h 21 m 40 s E.

---

02 Aisne Laon 49 N 34 0 h 14 m 30 s E .

---

*Arrond. de Château-Thierry*Moy-de-l'Aisne
Charly 48 N 59 0 h 13 m 08 s E.
Condé-en-Brie 49 N 00 0 h 14 m 08 s E.
Fère-en-Tardenois
49 N 12 0 h 14 m 08 s E.
Neuilly-Saint-Front
49 N 10 0 h 13 m 04 s E

*Arrond. de Laon*
Anizy-le-Château
49 N 31 0 h 13 m 52 s E.
Chauny 49 N 37 0 h 12 m 56 s E.
Coucy-le-Château-Auffrique
49 N 32 0 h 13 m 20 s E.
Craonne 49 N 26 0 h 15 m 04 s E.
Crécy-sur-Cerre
49 N 36 0 h 14 m 08 s E.

La Fère 49 N 40 0 h 13 m 40 s E.
Marle 49 N 44 0 h 15 m 08 s E.
Neufchâtel-sur-Aisne
49 N 27 0 h 16 m 08 s E.
Rozoy-sur-Serre
49 N 42 0 h 16 m 32 s E
Sissonne 49 N 35 0 h 15 m 36 s E.

*Arrond. de Saint-Quentln*
49 N 51 0 h 13 m 08 s E.
Bohain-en-Vermandois
49 N 59 0 h 13 m 52 s E

49 N 46 0 h 13 m 28 s E
Ribemont 49 N 47 0 h 13 m 48 s E
Saint-Simon 49 N 45 0 h 12 m 44 s E.
Vermand 49 N 53 0 h 12 m 40 s E.

*Arrond. de Soissons*
49 N 23 0 h 13 m 20 s E.
Braine 49 N 20 0 h 14 m 08 s E.
Oulchy-le-Château
49 N 12 0 h 13 m 28 s E.
Vailly-sur-Aisne
49 N 24 0 h 14 m 08 s E.
Vic-sur-Aisne 49 N 24 0 h 12 m 28 s E.
Villers-Cotterêts
49 N 15 0 h 12 m 24 s E.
49 N 15 0 h 12 m 24 s E.

*Arrond de Vervins*
49 N 50 0 h 15 m 40 s E.
Aubenton 49 N 51 0 h 16 m 48 s E.
Capelle (la) 49 N 51 0 h 15 m 40 s E.
Guise 49 N 54 0 h 14 m 20 s E.
Hirson 49 N 56 0 h 16 m 20 s E .
Le Nouvion-en-Thiérache
50 N 01 0 h 15 m 08 s E.
Saint-Richaumont
49 N 49 0 h 14 m 52 s E.
Wassigny 50 N 00 0 h 14 m 24 s E.

---

03 Allier Moulins 46 N 34 0 h 13 m 20 s E.

---

*Arrond. de Montluçon*
46 N 20 0 h 10 m 24 s E.
Cerilly 46 N 37 0 h 11 m 16 s E.
Commentry 46 N 17 0 h 10 m 52 s E.
Ebreuil 46 N 07 0 h 12 m 16 s E.
Hérisson 46 N 31 0 h 11 m 04 s E.
Huriel 46 N 22 0 h 09 m 48 s E.
Marcillat-en-Combraille
46 N 10 0 h 10 m 28 s E.
Montmarault 46 N 19 0 h 11 m 44 s E.

*Arrond. de Moulins*
Bourbon-L'Archambault
46 N 36 0 h 12 m 12 s E.
Chantelle 46 N 14 0 h 12 m 32 s E.
Chevagnes 46 N 37 0 h 14 m 12 s E.
Dompierre-
sur-Besbre 46 N 31 0 h 13 m 04 s E.
Lurcis-Lévis 46 N 44 0 h 11 m 40 s E.
Montet (le) 46 N 24 0 h 12 m 12 s E.

Neuilly-le-Réal 46 N 28 0 h 13 m 24 s E.
St-Pourçain-sur-Sioule
46 N 19 0 h 13 m 04 s E.

## *TABLEAU 3*

*Zone non occupée :*

| | | | | | | | | |
|---|---|---|---|---|---|---|---|---|
| 1940, | 25/ 2, | 2 h, | au | 4/ | 5/ 41, | 23 h | | = GMT + 1 h 00. |
| 1941, | 4/ 5, | 23 h, | au | 5/ | 10/ 41, | 22 h | | = GMT + 2 h 00. |
| 1941, | 5/ 10, | 22 h, | au | 8/ | 3/ 42, | 23 h | | = GMT + 1 h 00. |
| 1942, | 8/ 3, | 23h, | au | 2/ | 11/ 42, | 1 h | | = GMT + 2 h 00. |

*Zone occupée:*

| | | | | | | | |
|---|---|---|---|---|---|---|---|
| 1940, | 2/ 11, | 1 h, | au 29/ | 3/ 43, | 1 h | | = GMT + 1 h 00. |

*Zone libre et occupée:*

| | | | | | | | | |
|---|---|---|---|---|---|---|---|---|
| 1942, | 2/ 11, | 1 h, | au | 29/ | 3/ 43, | 1 h | | = GMT + 1 h 00. |
| 1943, | 29/ 3, | 1 h, | au | 4/ | 10/ 43, | 1 h | | = GMT + 2 h 00. |
| 1943, | 4/ 10, | 1 h, | au | 3/ | 4/ 44, | 1 h | | = GMT + 1 h 00. |
| 1944, | 3/ 4, | 1 h, | au | 7/ | 10/ 44, | 23 h | | = GMT + 2 h 00. |
| 1944, | 7/ 10, | 23 h, | au | 2/ | 4/ 45, | 1 h | | = GMT + 1 h 00. |
| 1945, | 2/ 4, | 1 h, | au | 16/ | 9/ 45, | 1 h | | = GMT + 2 h 00. |

Limites supérieures de la zone libre: Arneguy, Orthez, Mont-de-Marsan, Bazas, Langon, Lamotte-Montravel, Marouil, La Rochefoucault, Champagne-Mouton, La Roche-Posay, La Haye-Descartes, Loches, Montrichard, Vierzon, Bourges, Moulins, Digoin, Paray-le-Monial, Montceau-les-Mines, Châlons-sur-Saône, Arbois, Dôle, Morez, St-Claude, Collonges (Haute Savoie).

→ Depuis le 16/9/1945, 1 h = GMT + 1 h 00 sur tout le territoire.

| | | | | | | | |
|---|---|---|---|---|---|---|---|
| 1976, | 28/ 3, | 2 h, | au 26/ | 9 | , | 2 h | = GMT + 2 h 00. |
| 1977, | 3/ 4, | 2 h, | au 25/ | 9 | , | 3 h | = GMT + 2 h 00. |
| 1978, | 2/ 4, | 2 h, | au 1/ | 10 | , | 3 h | = GMT + 2 h 00. |
| 1979, | 1/ 4, | 2 h, | au 30/ | 9 | , | 3 h | = GMT + 2 h 00. |
| 1980, | 6/ 4, | 2 h, | au 28/ | 9 | , | 3 h | = GMT + 2 h 00. |
| 1981, | 29/ 3, | 2 h, | au 27/ | 9 | , | 3 h | = GMT + 2 h 00. |
| 1982, | 28/ 3, | 2 h, | au 26/ | 9 | , | 3 h | = GMT + 2 h 00. |
| 1983, | 27/ 3, | 2 h, | au 25/ | 9 | , | 3 h | = GMT + 2 h 00. |
| 1984, | 25/ 3, | 2 h, | au 30/ | 9 | , | 3 h | = GMT + 2 h 00. |
| 1985, | 31/ 3, | 2 h, | au 29/ | 9 | , | 3 h | = GMT + 2 h 00. |
| 1986, | 30/ 3, | 2 h, | au 28/ | 9 | , | 3 h | = GMT + 2 h 00. |
| 1987, | 29/ 3, | 2 h, | au 27/ | 9 | , | 3 h | = GMT + 2 h 00. |

01 AinBourg 46 N 12 0 h 20 m 55 s E .

*Arrond. de Belley*

| | | |
|---|---|---|
| *Arrond. de Belley* | 45 N 46 | 0 h 22 m 44 s E. |
| Ambérieu-en-Bugey | 45 N 57 | 0 h 21 m 24 s E. |
| Champagne-en-Valmorey | 45 N 54 | 0 h 22 m 44 s E. |
| Hauteville-Lompnes | 46 N 00 | 0 h 22 m 20 s E. |
| Lagnieu | 45 N 54 | 0 h 21 m 20 s E. |
| Lhuis | 45 N 45 | 0 h 22 m 08 s E. |
| St-Rambert-en-Bugey | 45 N 57 | 0 h 21 m 44 s E. |
| Seyssel | 45 N 57 | 0 h 23 m 20 s E. |
| Virieu-le-Grand | 45 N 51 | 0 h 22 m 36 s E. |

*Arrond. de Bourg-en-Bresse*

| | | |
|---|---|---|
| Bâgé-le-Châtel | 46 N 18 | 0 h 19 m 40 s E. |
| Ceyzeriat | 46 N 10 | 0 h 21 m 20 s E. |
| Chalamont | 46 N 00 | 0 h 21 m 00 s E. |
| Châtillon-sur-Chalaronne | 46 N 07 | 0 h 23 m 48 s E. |
| Coligny | 46 N 23 | 0 h 21 m 20 s E. |
| Meximieux | 45 N 54 | 0 h 20 m 44 s E. |
| Montluel | 45 N 51 | 0 h 21 m 12 s E. |
| Montravel-en-Bresse | 46 N 20 | 0 h 20 m 28 s E. |
| Pont-d'Ain | 46 N 03 | 0 h 21 m 24 s E. |
| Pont-de-Vaux | 45 N 26 | 0 h 19 m 44 s E. |
| Pont-de-Veyle | 46 N 15 | 0 h 19 m 32 s E. |
| St-Trivier-de-Courtes | 46 N 26 | 0 h 21 m 32 s E. |
| St-Trivier-sur-Moignans | 46 N 10 | 0 h 19 m 12 s E. |
| Treffort | 46 N 16 | 0 h 21 m 28 s E. |

**3) Transposez l'heure de naissance (H.L. l'heure légale) en Temps Universel (T. U), sachant que T. U. ou GMT (heure de Greenwich, Greenwich Meridien Time) c'est la même chose.**

Depuis 1911, en effet, pour tous les pays, l'hcure officielle ou légale est indiquée par rapport à l'heure de Greenwich *(GMT). (Avant cette date de 1911, on était à l'heure solaire de l'endroit c'est-à-dire au "temps -ou heure- local").*

Cette heure varie au cours du temps et des vissicitudes politiques ou internationales.

***Par exemple pour la France, on voit (Tableau 1 page 113) que du 11/3/1911 au 16/9/1945 l'heure officielle est la même que celle de Greenwich puisque nous lisons que pour cette période l'heure légale = GMT + 0 h 00.***

Puis, à partir du 16 septembre 1945, nous voyons ***(Tableau 1 page 113)*** que l'heure légale est en avance d'une heure d'une façon générale, mais qu'elle est en avance de deux heures lorsque l'on passe à l'heure d'été ***(Tableau 3 page 115)*** *(il en est de même pour toute l'Europe).*

Cette heure d'été commence le Dimanche qui suit l'équinoxe du printemps *(le 21 mars) et se termine le Dimanche qui suit l'équinoxe d'automne (le 21 septembre).*

***Exemple : si notre sujet était né à Paris, le 1er mai 1993 à 13 h, heure de la montre, nous serions à l'heure d'été. L'heure officielle serait donc en avance de deux heures sur l'heure GMT qui s'appelle encore TU (temps universel). L'heure GMT serait 13h - 2 h soit 11 H.***

Mais ici ce n'est pas le cas. Pour avoir l'heure GMT de Juliette, il suffit d'enlever une heure :

16 h moins 1 h = 15 h.

Nous notons GMT = 15 H

### 4) Calculez l'heure locale, H. L. V. (Heure Locale Vraie)

- Si le sujet est né à l'Est, on ajoute à l'heure GMT la longitude en temps.
- Si le sujet est né à l'Ouest, on retranche la longitude en temps.

Pour Paris, on l'a vu, la longitude en temps est égale à 0 H. 9 minutes et 21 secondes. Nous laissons tomber les secondes et nous ajoutons la longitude à l'heure GMT puisque Paris est à l'Est.

Heure locale de notre sujet 15 h + 9' = 15 H 09'

### 5) Calculez le temps sidéral de naissance, T.S.N.

Prenons nos éphémérides et cherchons la date de naissance.

Nous prenons la page de décembre 1984. ***(Tableau 4 page 118)***

Regardons vers la fin du mois en face de T 25 *(première colonne T = Tuesday 25)* ce qui correspond au Mardi 25 décembre, et lisons les indications de la deuxième colonne *(en haut de cette colonne se trouve écrit S. T. ce qui veut dire Sideral Time, soit le temps sidéral pour 0 H. GMT)*

| | | | |
|---|---|---|---|
| Nous voyons sous | h | m | s |
| | 06 | 14 | 45 |

Ce qui veut dire 06 heures 14 minutes 45 secondes. Nous arrondissons les secondes à 1' ce qui nous fait 6 h 15' et notons sur notre diagramme TS *(temps sidéral du jour à 0 h)* = 06 h 15'.

Pour avoir le Temps Sidéral de Naissance TSN, il n'y a plus qu'à ajouter l'heure locale au TS, ce qui fait :

15 h 09' + 06 h 15' = 21 h 23'.

*Remarque : si le total dépasse 24 H, on retranche 24 h de ce total.*

Nous notons TSN = 21 h 24'. Ouf !

## DECEMBER 1984

| Day Jour | | S.T. | | | LONGITUDE for Oh | | | | | | | | | | |
|---|---|---|---|---|---|---|---|---|---|---|---|---|---|---|---|
| | | | | | ☉ | ☽ | ☿ | ♀ | ♂ | ♃ | ♄ | ♅ | ♆ | ♇ | ☊ True |
| | | h | m | s | ° ′ ″ | ° ′ ″ | ° ′ | ° ′ | ° ′ | ° ′ | ° ′ | ° ′ | ° ′ | ° ′ | ° ′ |
| Sa | 1 | 04 | 40 | 08 | 08 ♐ 58 39 | 16 ♓ 16 53 | 29 ♐ 38 | 20 ♑ 22 | 11 ♒ 30 | 14 ♑ 33 | 21 ♍ 24 | 13 ♐ 30 | 00 ♑ 20 | 03 ♍ 29 | 27 ♉ D23 |
| Su | 2 | 04 | 44 | 04 | 09 59 29 | 28 10 02 | 00 ♑ 09 | 21 33 | 12 15 | 14 45 | 21 31 | 13 34 | 00 22 | 03 31 | 27 24 |
| M | 3 | 04 | 48 | 01 | 11 00 19 | 10 ♈ 00 13 | 00 31 | 22 44 | 13 01 | 14 58 | 21 38 | 13 38 | 00 24 | 03 33 | 27 25 |
| T | 4 | 04 | 51 | 57 | 12 01 11 | 21 51 58 | 00 44 | 23 56 | 13 46 | 15 11 | 21 45 | 13 41 | 00 26 | 03 35 | 27 26 |
| W | 5 | 04 | 55 | 54 | 13 02 03 | 03 ♉ 49 20 | 00 R 49 | 25 07 | 14 32 | 15 24 | 21 52 | 13 45 | 00 28 | 03 37 | 27 28 |
| Th | 6 | 04 | 59 | 51 | 14 02 57 | 15 55 48 | 00 42 | 26 18 | 15 18 | 15 37 | 21 59 | 13 49 | 00 31 | 03 39 | 27 29 |
| F | 7 | 05 | 03 | 47 | 15 03 51 | 28 14 04 | 00 ♑ 25 | 27 28 | 16 03 | 15 49 | 22 06 | 13 52 | 00 33 | 03 41 | 27 R 29 |
| Sa | 8 | 05 | 07 | 44 | 16 04 46 | 10 ♊ 46 00 | 29 ♐ 57 | 28 39 | 16 49 | 16 02 | 22 13 | 13 56 | 00 35 | 03 43 | 27 28 |
| Su | 9 | 05 | 11 | 40 | 17 05 43 | 23 32 35 | 29 17 | 29 50 | 17 35 | 16 16 | 22 19 | 14 00 | 00 37 | 03 45 | 27 27 |
| M | 10 | 05 | 15 | 37 | 18 06 40 | 06 ♋ 33 57 | 28 26 | 01 ♒ 00 | 18 20 | 16 29 | 22 26 | 14 03 | 00 39 | 03 47 | 27 24 |
| T | 11 | 05 | 19 | 33 | 19 07 38 | 19 49 30 | 27 25 | 02 11 | 19 06 | 16 42 | 22 33 | 14 07 | 00 42 | 03 49 | 27 21 |
| W | 12 | 05 | 23 | 30 | 20 08 37 | 03 ♌ 18 06 | 26 15 | 03 21 | 19 52 | 16 55 | 22 39 | 14 11 | 00 44 | 03 50 | 27 18 |
| Th | 13 | 05 | 27 | 27 | 21 09 38 | 16 58 20 | 24 59 | 04 32 | 20 37 | 17 08 | 22 46 | 14 14 | 00 46 | 03 52 | 27 14 |
| F | 14 | 05 | 31 | 23 | 22 10 39 | 00 ♍ 48 39 | 23 38 | 05 42 | 21 23 | 17 22 | 22 53 | 14 18 | 00 48 | 03 54 | 27 12 |
| Sa | 15 | 05 | 35 | 20 | 23 11 41 | 14 47 33 | 22 14 | 06 52 | 22 09 | 17 35 | 22 59 | 14 22 | 00 51 | 03 56 | 27 10 |
| Su | 16 | 05 | 39 | 16 | 24 12 44 | 28 53 34 | 20 52 | 08 02 | 22 55 | 17 48 | 23 06 | 14 25 | 00 53 | 03 58 | 27 D 10 |
| M | 17 | 05 | 43 | 13 | 25 13 48 | 13 ♎ 05 09 | 19 34 | 09 11 | 23 41 | 18 02 | 23 12 | 14 29 | 00 55 | 03 59 | 27 11 |
| T | 18 | 05 | 47 | 09 | 26 14 53 | 27 20 28 | 18 22 | 10 21 | 24 26 | 18 15 | 23 19 | 14 32 | 00 57 | 04 01 | 27 13 |
| W | 19 | 05 | 51 | 06 | 27 15 59 | 11 ♏ 37 07 | 17 18 | 11 31 | 25 12 | 18 29 | 23 25 | 14 36 | 01 00 | 04 03 | 27 14 |
| Th | 20 | 05 | 55 | 02 | 28 17 06 | 25 52 02 | 16 24 | 12 40 | 25 58 | 18 42 | 23 31 | 14 40 | 01 02 | 04 04 | 27 15 |
| F | 21 | 05 | 58 | 59 | 29 18 14 | 10 ♐ 01 31 | 15 40 | 13 49 | 26 44 | 18 56 | 23 38 | 14 43 | 01 04 | 04 06 | 27 R 14 |
| Sa | 22 | 06 | 02 | 56 | 00 ♑ 19 22 | 24 01 28 | 15 07 | 14 59 | 27 30 | 19 09 | 23 44 | 14 47 | 01 06 | 04 07 | 27 12 |
| Su | 23 | 06 | 06 | 52 | 01 20 31 | 07 ♑ 47 52 | 14 44 | 16 08 | 28 16 | 19 23 | 23 50 | 14 50 | 01 09 | 04 09 | 27 08 |
| M | 24 | 06 | 10 | 49 | 02 21 40 | 21 17 24 | 14 33 | 17 16 | 29 01 | 19 37 | 23 56 | 14 54 | 01 11 | 04 11 | 27 02 |
| T | 25 | 06 | 14 | 45 | 03 22 50 | 04 ♒ 27 50 | 14 D 31 | 18 25 | 29 47 | 19 51 | 24 02 | 14 58 | 01 13 | 04 12 | 26 56 |
| W | 26 | 06 | 18 | 42 | 04 24 00 | 17 18 29 | 14 38 | 19 34 | 00 ♓ 33 | 20 04 | 24 09 | 15 01 | 01 16 | 04 13 | 26 49 |
| Th | 27 | 06 | 22 | 38 | 05 25 09 | 29 50 12 | 14 55 | 20 42 | 01 19 | 20 18 | 24 15 | 15 05 | 01 18 | 04 15 | 26 43 |
| F | 28 | 06 | 26 | 35 | 06 26 19 | 12 ♓ 05 18 | 15 19 | 21 50 | 02 05 | 20 32 | 24 21 | 15 08 | 01 20 | 04 16 | 26 38 |
| Sa | 29 | 06 | 30 | 31 | 07 27 28 | 24 07 19 | 15 50 | 22 58 | 02 51 | 20 46 | 24 26 | 15 12 | 01 22 | 04 18 | 26 35 |
| Su | 30 | 06 | 34 | 28 | 08 28 38 | 06 ♈ 00 41 | 16 27 | 24 06 | 03 37 | 21 00 | 24 32 | 15 15 | 01 25 | 04 19 | 26 34 |
| M | 31 | 06 | 38 | 25 | 09 ♑ 29 47 | 17 ♈ 50 22 | 17 ♐ 10 | 25 ♒ 14 | 04 ♓ 22 | 21 ♑ 14 | 24 ♍ 38 | 15 ♐ 19 | 01 ♑ 27 | 04 ♍ 20 | 26 ♉ D35 |

*Tableau 5*

# Table des Maisons

HAUSERTABELLEN

TABLAS DE CASAS

| Sidereal Time | | | Latitude 49° N. | | | | | | | Latitude 50° N. | | | | | | | Latitude 51° N. | | | | | | |
|---|---|---|---|---|---|---|---|---|---|---|---|---|---|---|---|---|---|---|---|---|---|---|---|
| | | | 10 ♒ | 11 ♓ | 12 ♈ | ASC ♊ | | 2 ♋ | 3 ♋ | 10 ♒ | 11 ♓ | 12 ♈ | ASC ♊ | | 2 ♋ | 3 ♋ | 10 ♒ | 11 ♓ | 12 ♈ | ASC ♊ | | 2 ♋ | 3 ♋ |
| H | M | S | ° | ° | ° | ° | ' | ° | ° | ° | ° | ° | ° | ' | ° | ° | ° | ° | ° | ° | ' | ° | ° |
| 21 | 9 | 52 | 15 | 14 | 28 | 17 | 34 | 7 | 24 | 15 | 14 | 28 | 18 | 47 | 7 | 25 | 15 | 13 | 29 | 20 | 5 | 8 | 25 |
| 21 | 13 | 50 | 16 | 15 | 29 | 18 | 37 | 8 | 25 | 16 | 15 | ♉ | 19 | 50 | 8 | 26 | 16 | 15 | ♉ | 21 | 7 | 9 | 26 |
| 21 | 17 | 49 | 17 | 16 | ♉ | 19 | 39 | 8 | 26 | 17 | 16 | 1 | 20 | 52 | 9 | 26 | 17 | 16 | 2 | 22 | 8 | 10 | 27 |
| 21 | 21 | 46 | 18 | 18 | 2 | 20 | 41 | 9 | 27 | 18 | 17 | 3 | 21 | 52 | 10 | 27 | 18 | 17 | 3 | 23 | 8 | 11 | 28 |
| → 21 | 25 | 42 | 19 | 19 | 4 | 21 | 41 | 10 | 28 | 19 | 19 | 4 | 22 | 52 | 11 | 28 | 19 | 19 | 5 | 24 | 6 | 11 | 28 |
| 21 | 29 | 38 | 20 | 20 | 5 | 22 | 40 | 11 | 29 | 20 | 20 | 6 | 23 | 51 | 12 | 29 | 20 | 20 | 6 | 25 | 4 | 12 | 29 |
| 21 | 33 | 34 | 21 | 21 | 7 | 23 | 39 | 12 | ♌ | 21 | 21 | 7 | 24 | 48 | 12 | ♌ | 21 | 21 | 8 | 26 | 1 | 13 | ♌ |
| 21 | 37 | 28 | 22 | 23 | 8 | 24 | 36 | 13 | 0 | 22 | 23 | 9 | 25 | 45 | 13 | 1 | 22 | 23 | 9 | 26 | 58 | 14 | 1 |

### 6) Prenez vos tables des Maisons.

Nous tournons les pages jusqu'à ce que nous trouvions en haut des pages une latitude qui se rapproche de celle du lieu de naissance.

Paris étant à 48°50 N ce qui fait presque 49° nous prenons les colonnes qui se trouvent sous latitude 49°.

Puis nous cherchons, dans la colonne Sideral Time, le temps qui se rapproche le plus de notre TSN.

Ce qui nous donne pour notre exemple une ligne à déchiffrer en face de 21 25 42 ***(Tableau 5 page 119).***

### 7) Déchiffrons la ligne qui nous intéresse et notons ce qui nous intéresse à savoir l'Ascendant (ASC) et le Milieu du Ciel (MC).

Nous laissons de côté les colonnes 11, 12, 2, car il ne s'agit là que l'un des nombreux systèmes de maisons intermédiaires et qui est loin d'être le plus logique.

**Nous nous occupons uniquement de la colonne 10 qui représente le Milieu du Ciel et de la colonne ASC qui représente le point ascendant.**

Nous lisons en face de 21h 25 *(21 25 42)*

- 19 dans la colonne 10 et
- 21 41 dans la colonne ASC.

Il s'agit de degrés et de minutes. Il n'y a plus qu'à chercher dans quel signe se trouve ces points. Nous remontons le long de ces colonnes jusqu'à ce que nous trouvions un signe du zodiaque et nous trouvons : le symbole du Verseau pour la colonne 10 et le symbole des Gémeaux dans la colonne ASC.

**Ce qui nous fait :**

- Un MC à 19° du Verseau
- Un ASC à 21°41 des Gémeaux.

Et voilà, le plus dur est fait. Il n'y a plus qu'à tracer nos Maisons.

**Utilisez pour cela le diagramme du livre après l'avoir fait photocopier en plusieurs exemplaires. (Voir figure 6 en fin d'ouvrage).**

## 8) Tracez les maisons sur le diagramme *(figure 7)*

**Sans oublier que c'est le cercle intérieur du diagramme, le zodiaque tropique, qui est le zodiaque de calcul. C'est donc sur ce cercle intérieur que vous devez chercher les degrés.**

*Figure 7*

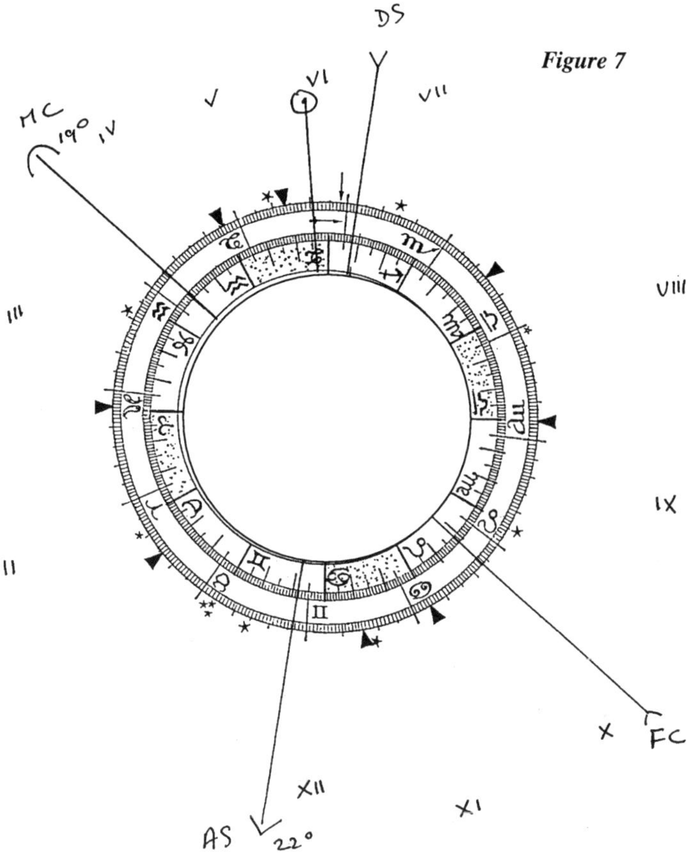

- Tracez une flèche pour l'Ascendant à 22° des Gémeaux *(on arrondit)* et l'arrière de la flèche à 22° du Sagittaire, ce qui vous donne le Descendant. Prolongez ces tracés au delà des deux cercles comme sur la figure ***(figure 7 page 121)*** et placez la pointe de la flèche à l'Ascendant, au bout de laquelle vous inscrivez ASC ainsi que sa position 22°.

Vous avez ainsi votre horizon.

- Tracez une autre flèche pour le Milieu du Ciel à 19° du Verseau et l'arrière de la flèche en face à 19° du Lion ce qui vous donne le Fond du Ciel.

Arrondissez la pointe de la Flèche du MC pour la distinguer de celle de l'ASC et notez à côté ou au bout MC, ainsi que le degré du MC. Vous avez ainsi les deux axes qui délimitent les quatre quadrants du thème.

- Partagez chaque quadrant en trois, soit en comptant les degrés, soit avec un rapporteur *(avec l'habitude on va très vite).*
- Numérotez les Maisons dans le sens des aiguilles d'une montre en partant de l'Ascendant. Numérotez-les en chiffres romains.

## 9) Vérifiez que vous n'avez pas fait d'erreur :

- S'il s'agit d'une naissance au lever du Soleil, celui-ci sera tout proche de l'ASC.
- Si la naissance a lieu entre le lever du Soleil et midi, le Soleil doit se trouver dans le premier quadrant, soit entre l'ASC et le MC.
- Si la naissance a lieu aux alentours de midi, le Soleil doit se trouver proche du MC.
- Si la naissance a lieu dans l'après-midi le Soleil doit se trouver dans le deuxième quadrant, soit entre le MC et le DSC.
- Si la naissance a lieu aux alentours du coucher du Soleil, le Soleil doit se trouver près du DSC.

- Si la naissance a lieu entre le coucher du Soleil et minuit, le Soleil doit se trouver dans le troisième quadrant entre le DSC et le FC.
- Si la naissance a lieu entre minuit et le lever du Soleil, celui-ci doit se trouver entre le FC et l'ASC.

Vous vérifierez donc lorsque vous aurez placé le Soleil suivant le deuxième sous-titre de cette leçon "Placer les planètes". En attendant, regardez le schéma sur lequel nous avons placé l'horizon et le petit personnage qui représente Juliette ce qui vous permettra de bien comprendre où sont les Maisons par rapport au Soleil. ***(figure 7 bis ci-dessous)***

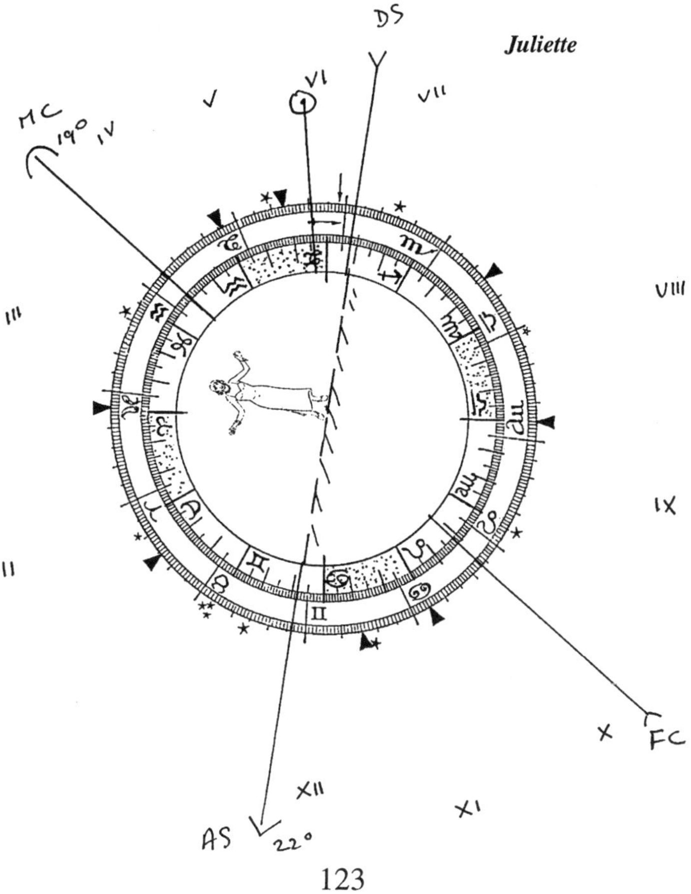

### 10) La méthode “au pif”.

Si vous avez bien compris le paragraphe ci-dessus, vous pouvez alors placer les Maisons approximativement sans calcul. C'est la méthode “au pif” qui peut dépanner provisoirement. Mais je ne vous le conseille pas. La voici toutefois. Placez le Soleil sur le diagramme *(suivant le paragraphe suivant).*

Placez la croix, au pif, formée d'une part par l'horizon et d'autre part par l'axe MC-FC, de façon à avoir le Soleil dans le quadrant correspondant.

*Note : Comment calculer les maisons pour une naissance dans l'hémisphère Sud :*

**1)** Vous ajoutez 12h à l'heure sidérale de naissance TSN.

**2)** Vous cherchez de la même façon que pour l'hémisphère Nord les axes ASC-DESC et MC-FC, mais vous les inversez : le MC devient le FC et l'ASC devient le DESC.

# II. Placer les planètes

Une fois que vous avez placé les Maisons, il ne vous reste plus qu'à placer les planètes et à les relier entre elles. Après quoi vous aurez monté le thème.

## A. Calculez la position des planètes

Si vous avez horreur des calculs, utilisez la méthode approximative. Si vous aimez la précision, suivez la méthode la plus précise qui est tout de même indispensable pour certaines techniques. Ces méthodes sont, de toutes façons, très simples. On part des positions des planètes indiquées, jour après jour pour 0 H, heure de Greenwich dans les Ephémérides astrologiques.

*(C'est pourquoi nous avons besoin de l'heure de Greenwich à la naissance en dehors du fait que nous en avons besoin pour calculer les Maisons).*

Voici la marche à suivre en reprenant notre exemple du 25 décembre 1984.

**1) Reprenons nos éphémérides et lisons à la date du 25 décembre 1984 les positions planétaires. (pour 0 H GMT)** ***(Tableau 4 page 118).***

Nous trouvons :

| | | | | |
|---|---|---|---|---|
| • **SOLEIL** | 03° | 22' | 50" | Capricorne |
| • **LUNE** | 04° | 27' | 50" | Verseau |
| • **MERCURE** | 14° | 31' | | Sagittaire avec un D |
| • **VÉNUS** | 18° | 25' | | Verseau |
| • **MARS** | 29° | 47' | | Verseau |
| • **JUPITER** | 19° | 51' | | Capricorne |
| • **SATURNE** | 24° | 02' | | Scorpion |
| • **URANUS** | 14° | 58' | | Sagittaire |
| • **NEPTUNE** | 01° | 13' | | Capricorne |
| • **PLUTON** | 04° | 12' | | Scorpion |

Avant d'aller plus loin parlons de ce D qui se trouve noté entre les degrés et les minutes de Mercure.

Le D signifie que la planète marche en sens direct ou droit c'est-à-dire en marche avant. Ce qui signifie qu'avant cette date elle se déplaçait à reculons. On dit qu'elle était alors rétrograde. Naturellement, une planète ne marche pas réellement à reculons. Mais, vues de la Terre, qui avance à une vitesse différente de celle des autres planètes, à certains moments les planètes font des espèces de boucles dans le ciel si bien qu'elles avancent comme ça . Lorsqu'elles font ces boucles, elles ralentissent, reculent lentement jusqu'à faire du "sur place", puis elles redémarrent en avant, reprennent de la vitesse et tracent une grande ligne jusqu'à la prochaine boucle *(les boucles des planètes se font à des intervalles assez réguliers).*

Aussi une planète peut-elle avancer *(elle est directe D)*, reculer *(elle est rétrograde R)*, stationner *(ST)*, aller vite, aller lentement ou à une allure moyenne.

Quand elle commence à reculer, on note un R dans les éphémérides et quand elles reprennent leur marche en avant, on marque un D.

Le Soleil et la Lune sont toujours directs.

Ici, pour cette date du 25 décembre 1984, toutes les planètes, sauf Mercure, avancent dans le sens direct depuis plusieurs mois *(il n'y a pas de R dans les pages qui précèdent).*

Par contre, en ce qui concerne Mercure, cette planète était rétrograde depuis le 5 décembre marqué d'un R. D'ailleurs on le voit bien sur les éphémérides : le 24 à 0 h GMT Mercure se trouve à 14° 33' et le 25 à 0h elle se trouve à 14° 31'. Entre le 24 et le 25 décembre, elle a donc reculé de 2', alors que le lendemain le 26 elle se trouvera à 14° 38'. Elle reprend bien le 25 une marche avant et accélère puisqu'elle parcourera 7'.

## 2) Notez les positions planétaires pour le lendemain à 0 H GMT.

Nous avons :

| | | | | |
|---|---|---|---|---|
| • **Soleil** | 04° | 24' | 00" | Capricorne |
| • **Lune** | 17° | 18' | 29" | Verseau |
| • **Mercure** | 14° | 38' | | Sagittaire |
| • **Vénus** | 19° | 34' | | Verseau |
| • **Mars** | 00° | 33' | | Poissons |
| • **Jupiter** | 20° | 04' | | Capricorne |
| • **Saturne** | 24° | 09' | | Scorpion |
| • **Uranus** | 15° | 01' | | Sagittaire |
| • **Neptune** | 01° | 13' | | Capricorne |
| • **Pluton** | 04° | 12' | | Scorpion |

En effet, le sujet n'étant pas né à 0 H GMT du 25 décembre, les planètes vont se trouver quelque part entre leur position du 25 décembre à 0 h et leur position du 26 décembre à 0 h.

## 3) Calculez la position des planètes pour l'heure GMT de naissance.

***a) Méthode approximative***

Cette méthode est suffisante pour les débutants et ne tient pas compte des minutes.

Pour les planètes lentes Jupiter, Saturne, Uranus, Neptune et Pluton, il suffit de noter les positions du jour en degrés en arrondissant au-dessus s'il y a plus de 30' et au-dessous s'il y a moins de 30' et en tenant compte de l'heure approximative.

**PAR EXEMPLE, NOUS POUVONS NOTER :**

Jupiter 20° Capricorne, Saturne 24° Scorpion, Uranus 15° Sagittaire, Neptune 1° Capricorne et Pluton 4° Scorpion.

- **MERCURE**

  Pour Mercure qui est très lent ce jour-là, faisons comme pour les précédentes et arrondissons à 15°.

  Nous notons : Mercure 15° Sagittaire.

- **VÉNUS**

  Nous arrondissons à 19°.

- **MARS**

  Nous arrondissons à 0° des Poissons.

- **SOLEIL**

  Nous prenons une moyenne entre 3° 23' et 4° 24' mettons 4° *(la naissance a lieu l'après-midi).*

  Nous notons : Soleil 4° du Capricorne.

• **LUNE**

Pour la Lune, qui va très vite, il faut faire un petit effort, sachant qu'elle parcourt environ 30' par heure.

A 14 H GMT, la Lune aura donc parcouru 7° et à 15 h, elle aura parcouru 30' de plus soit au total 7° 30' : ce qui fait 4° 28' position à 0 h du jour + 7° 30' = 11° 58' arrondi à 12°.

**Nous notons : Lune 12° Verseau.**

***b) La méthode précise***

**Tout d'abord, on calcule le pas exact de la planète en partant des éphémérides.** On soustrait la position du jour à 0 H de la position du jour suivant à 0 H.

---

**EXEMPLE : CALCUL DU PAS DE LA LUNE**

• à 0 h le 25/12/84 la Lune se trouve à :
***04° 27' 50" du Verseau.***

• à 0 h le 26/12/84 la Lune se trouve à :
***17° 18' 29" du Verseau.***

**En 24 heures la Lune parcourt donc :**

17° 18' 29" - 04° 27' 50"

*SOIT* ***16° 77' 89" - 4° 27' 50" = 12° 50' 39".***

---

**Laissons tomber les secondes et convertissons en minutes (d'espace) :** sachant qu'il y a 60' dans un degré, *(naturellement si vous désirez être encore plus précis, vous pouvez tout convertir en secondes)*

12° x 60 = **720'**

720' + 50' = **770'**

**770' est le pas de la Lune ce jour-là.**

A partir de là, nous vous conseillons d'acheter une calculette.

**Multiplier le pas de la planète par l'heure de Greenwich et diviser par 24 pour obtenir le parcours réalisé dans l'intervalle.**

*(C'est la fameuse règle de trois : en 24 heures elle parcourt 24 fois moins et en 15 h, 15 fois plus).*

770 *(minutes d'espace)* x 15

——————————— = 481', 25 = 8°, 02 = 8° 1' *(1)*

24

**Ensuite on additionne le parcours effectué à la position de la planète à 0 h.**

---

**EXEMPLE : POUR LA LUNE**

4° 27' 50" + 8° 1' = 12° 28' 50" arrondi à 12° 29'.

---

*Remarque : Si l'heure de naissance GMT comporte des minutes. Par exemple si le sujet était né à 15 h 15' au lieu de 15 h, il faudrait convertir les heures en minutes pour effectuer les calculs.(2)*

**Ce qui nous donnerait, toujours pour la Lune :**

15 h 15' = **915'**

et 24 h = **1440'**

---

NOTES :

*(1) Ne pas confondre les minutes d'espace et de temps.*

*Il y a 60 minutes d'espace dans un degré et 60 secondes d'espace dans une minute d'espace.*

*(2) Pour transformer les degrés en minutes (de temps ou d'espace) multiplier les degrés par 60.*

**La règle de trois devient :**

En 1440 minutes (de temps) la Lune parcourt 830 minutes d'espace. En 1 minute 1440 fois moins et en 915 minutes de temps 915 fois plus soit :

$$\frac{770 \text{ (minutes d'espace) x } 915 \text{ (minutes de temps)}}{1440 \text{ (minutes de temps)}} = \mathbf{489,2708\ minutes}$$

***Soit 8°, 1545 soit 8° 9', 27 soit 8° 09' 16"*** *(3) et (4)*

La Lune se trouverait donc à 4° 27' 50' du Verseau + 8° 09' 16" soit à 12° 37' 06" du Verseau.

Vous faites la même chose pour les autres planètes.

| **Vous devez trouver :** | | | |
|---|---|---|---|
| **Capricorne pour** | | **Capricorne pour** | |
| le Soleil | 4° | Jupiter | 19° 51' |
| la Lune | 12° 29' | Saturne | 24° 05' |
| Mercure | 14° 34' | Uranus | 14° 59' |
| Vénus | 19° 07' | Neptune | 1° 14' |
| Mars | 0° 15' | Pluton | 4° 12' |

---

**Notes** *:*

*(3) Pour transformer les minutes en degrés, diviser les minutes par 60.*

*(4) Pour transformer les décimales restantes en minutes, multiplier les décimales au dixième par 60.*

$$\frac{407}{60} = \mathbf{6°,78906} \text{ (dixièmes)}$$

0, 78906 x 60 = 47'  Ce qui fait 6° 47'.

## B. Placez les planètes sur le diagramme *(figure 8)*

***Figure 8***

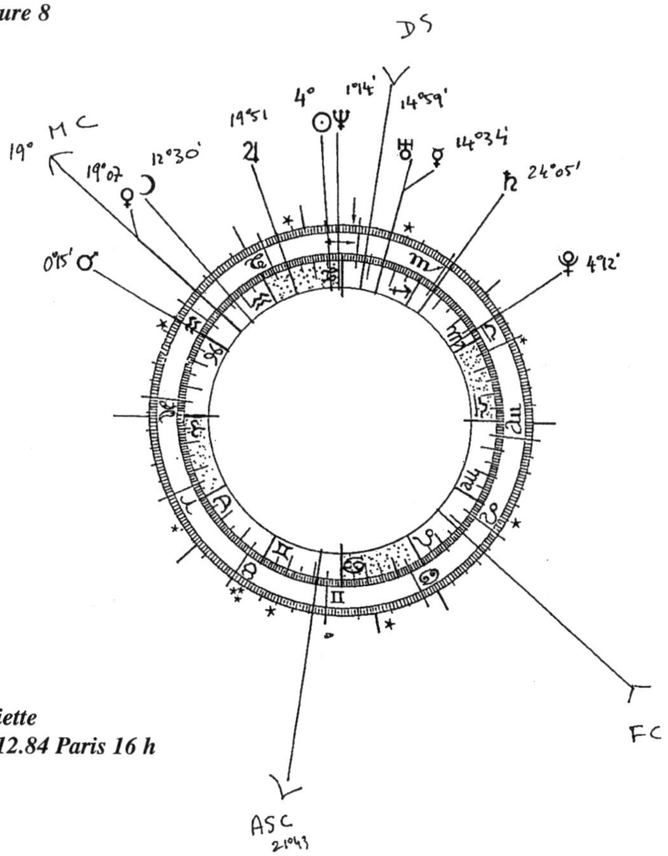


***Juliette***
***25.12.84 Paris 16 h***

- Repérez les degrés concernés sur le zodiaque tropique (le cercle intérieur).
- Tirez un trait en plaçant votre règle au centre du diagramme.
- Dessinez les symboles des planètes au bout du trait comme sur le modèle.
- Notez à côté des symboles le N° du degré.

**Les planètes se positionnent ainsi à la fois dans les signes tropiques, dans les signes sidéraux et dans les Maisons.**

- Nous avons placé les planètes sur le cercle tropique qui est gradué. Pour l'interprétation, nous avons besoin de la position en sidéral. Pour trouver cette position, il suffit de se reporter au cercle extérieur, décalé pour notre époque de 25° *(5)*

**CE QUI NOUS DONNE EN SIDÉRAL :**

| | |
|---|---|
| SOLEIL EN SAGITTAIRE (SAGITTARIUS) | JUPITER EN SAGITTAIRE (SAGITTARIUS) |
| LUNE EN CAPRICORNE (CAPRICORNUS) | SATURNE EN BALANCE (LIBRA) |
| MERCURE EN SCORPION (SCORPIO) | URANUS EN SCORPION (SCORPIO) |
| VÉNUS EN CAPRICORNE (CAPRICORNUS) | NEPTUNE EN SAGITTAIRE (SAGITTARIUS) |
| MARS EN VERSEAU (AQUARIUS) | PLUTON EN BALANCE (LIBRA) |

**NOTES** *:*

**DATA FOR OH**
**1 DÉCEMBER 1984**

| | |
|---|---|
| JULIAN DAY | = 2446035,5 |
| ☽ ☊ MEAN | = 26° ♉ 48' |
| → SVP | = 05° ♓ 28' 28" |
| AYANAMSA | = 23° 38' 31" |
| ECLIPTIC OBL. | = 23° 26' 33" |
| NUTATION | = – 14" 98. |

*(5) Pour calculer exactement la position des planètes en sidéral*

*a) Notez la position de la planètes en sidéral.*

*b) Notez le SVP du mois (voir tableau ci contre) (Sidéral Vernal Point c'est-à-dire la position du point gamma dans le zodiaque sidéral).*

*c) Ajoutez le SVP à la position de la planète en tropical.*

*d) Notez cette nouvelle position en reculant d'un signe.*

**EXEMPLE : POUR LE SOLEIL**

Position du Soleil en tropical 4° du Capricorne. SVP du mois 5°28' 28" (ce qui veut dire que le point gamma se trouve à 5°28' 28" des Poissons du zodiaque sidéral) 4° + 5° 28' 28' = 9° 28' 28" du Sagittaire sidéral.

# Résumé

## 1. Calculer la position des planètes

- Prenez vos éphémérides.
- Notez les positions des planètes à 0 H du jour.
- Notez les positions des planètes à 0 H du lendemain.
- Placez les planètes entre ces deux positions.
- Vous pouvez évaluer approximativement les positions des planètes en fonction de l'heure GMT natale.

## 2. Placer les planètes sur le diagramme

- Tirer un trait sur le degré évalué du cercle intérieur.
- Noter le symbole de la planète et son degré.

# III. *Relier les planètes entre elles lorsqu'elles sont en aspects*

Les aspects sont les angles que forment les planètes entre elles sur le cercle zodiacal par rapport à la Terre, point central du cercle. En astrologie, on donne le nom d'aspects à certains angles privilégiés, considérant que sous ces angles, les influences planétaires se mêlent entre elles d'une façon intéressante, permettant aux influences planétaires de mêler leurs "rayonnements" de façon harmonieuse ou disharmonieuse, les influences planétaires pouvant soit s'aider mutuellement soit se contrarier, soit s'additionner, soit se compléter, soit se détruire mutuellement.

## A. Ces différents aspects

Aspects ou écarts angulaires proviennent de la division du cercle.

***a) Par trois ou multiples de trois***

**Ce qui donne :**

- Le trigone issu de la division du cercle par 3. Il mesure 120° et s'écrit ainsi : △
- Le sextil issu de la division du cercle en 6. Il mesure 60° et s'écrit ainsi : ✱

***b) Par deux ou multiples de deux***

**Ce qui donne :**

- L'opposition issu de la division du cercle par 2. Il mesure 180° et s'écrit ainsi : ☍
- Le carré issu de la division du cercle par 4. Il mesure 90° et s'écrit ainsi : □

***c) Enfin on trouve la conjonction***

C'est l'angle de 0° les planètes sont sur le même degré du zodiaque ou à quelques degrés l'une de l'autre. On l'écrit ainsi : ☌

## B. Les orbes

Les aspects sont rarement exacts. On admet un écart ou orbe qui varie suivant les aspects. On admet généralement :

- Pour la conjonction 10° • Pour l'opposition 10° • Pour le sextil 3° à 4° • Pour le trigone 8° • Pour le carré 6° à 8°.

Mais naturellement plus un aspect est exact, plus il est puissant

## C. Tracer les aspects *(figure 10)*

On relie par des traits pleins *(ou bleus)* les planètes en trigone ou en sextil, par des traits discontinus *(ou rouges)* les planètes en opposition ou en carré. On place des hachures entre les planètes en conjonction *(facultatif)*.

***Juliette***
***25-12-84 Paris***

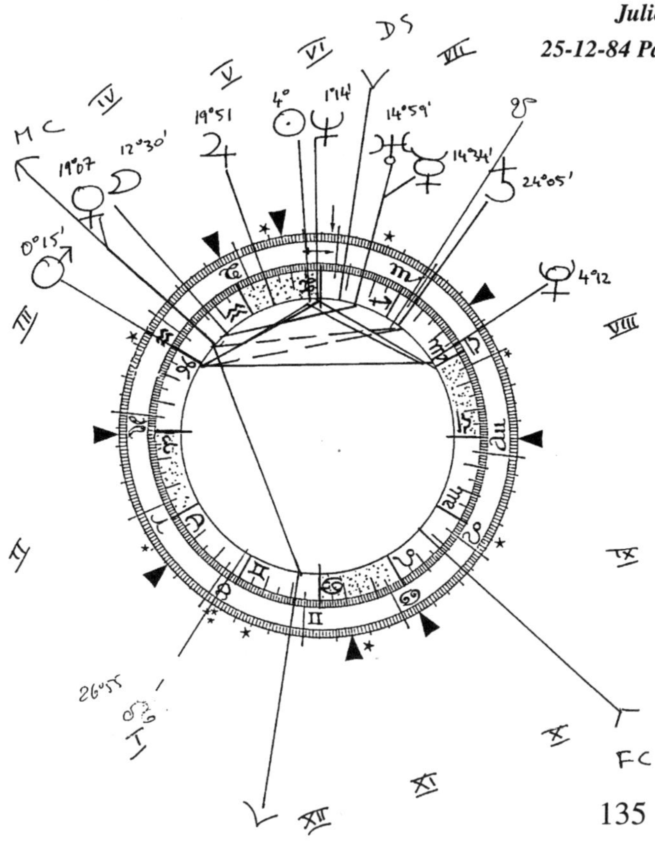

## D. On relie de la même façon les planètes aux angles principaux du thème

C'est-à-dire au MC et à l'ASC, sauf les oppositions qui coulent de source.

**Ainsi dans le thème de Juliette nous avons :**

- Un trigone entre Vénus et l'ASC *(3° d'orbe).*
- Un trigone entre Pluton et Mars *(4° d'orbe).*
- Un sextil entre Pluton et Neptune *(3° d'orbe).*
- Un sextil entre Pluton et le Soleil *(0° d'orbe).*
- Un sextil entre Mars et le Soleil *(3° d'orbe).*
- Un sextil entre la conjonction Uranus-Mercure et la Lune *(2° d'orbe).*
- Un carré entre Saturne et Vénus *(5° d'orbe).*
- Un carré entre Saturne et le MC *(5° d'orbe).*

## E. Ajouter les nœuds de la Lune

Dans la dernière colonne de vos éphémérides en haut à droite vous voyez le signe suivant ☊ True. il s'agit du Nœud Nord de la Lune.

Le Nœud Sud étant situé à l'opposé.

Les nœuds de la Lune sont les points d'intersection de la route de la Lune avec l'écliptique. Au Nœud Nord, la Lune passe au Nord de l'écliptique et, au Nœud Sud, elle passe au Sud. Les Nœuds ne sont pas des planètes; ils sont surtout utilisés en astrologie karmique. Leurs positions en signes et en maisons indiquent le chemin spirituel à suivre, considérant que l'on doit se diriger du Nœud Sud au Nœud Nord.

Par ailleurs, une planète placée sur un des nœuds prend d'avantage d'intensité. Dans le thème de Juliette, le Nœud Nord se trouve à 26°55 du Taureau et le Nœud Sud à 26°55 du Scorpion.

# Troisième Partie

## *Interpréter*
## *Premier niveau*

## Leçon 8

# Planètes en maisons

**1)** Tout le monde, bien évidemment, possède le même nombre de planètes, aussi tout le monde possède-t-il les qualités *(ou les défauts)* indiquées par les dix planètes.

**2)** Cependant la force des planètes varie suivant les maisons dans lesquelles elles se trouvent. Aussi leurs qualités se manifestent-elles à des degrés divers selon les thèmes.

**3)** Les planètes situées aux quatre angles du thème sont beaucoup plus fortes que les autres.

**4)** De plus, elles ne se manifestent pas dans les mêmes circonstances, et ces circontances sont celles indiquées par les Maisons : les planètes, agents actifs du destin, manifestent leurs potentialités dans les secteurs qu'elles occupent.

**5)** Les planètes, situées à l'Ascendant ou au Milieu du ciel, joueront sur la personnalité en général et sur le destin.

Elles se manifesteront donc d'une façon beaucoup plus évidente et plus permanente qu'une planète située dans un secteur plus spécifique.

**6)** Prenons par exemple la planète Mars. C'est la planète de l'énergie et de l'action, du courage et de l'audace.

Si elle occupe l'Ascendant, le sujet manifestera en toutes circonstances ces qualités.

Si elle est en Maison II, le sujet qui peut être rêveur et doux dans son comportement général *(dans le cas par exemple de la Lune à l'Ascendant),* manifestera par contre de l'énergie, de l'audace et du courage dans son travail et même une certaine agressivité dès qu'il sera question d'argent.

**7)** Ainsi pour trouver la signification des planètes en Maisons, il suffit, on le voit, de raisonner.

Mais il est bien agréable lorsque l'on est débutant d'avoir un mémo qui permet de mieux faire comprendre le raisonnement.

Voici ce mémo qui doit servir de base à votre raisonnement.

# I. *Les planètes aux quatre angles du ciel*

## A. Les planètes à l'ascendant

Les planètes à l'ascendant vont marquer la personnalité du sujet. Elles auront donc un rôle important à jouer dans son destin. Il suffit donc de se souvenir des caractéristiques des différentes planètes pour trouver logiquement les significations des planètes dans cette maison.

### Soleil

- ***En positif :*** donne une personnalité "solaire", rayonnante, ayant de l'allure. C'est une bonne position pour un comédien.
- ***En négatif :*** donne de la prétention, de l'orgueil.

### Lune

- ***En positif :*** donne une personnalité "lunaire", rêveuse, imaginative, amicale et enfantine. Cette position de la Lune se trouve souvent chez les écrivains.
- ***En négatif :*** donne une personnalité immature, de la naïveté un destin incertain.

### Mercure

- ***En positif :*** donne une personnalité "mercurienne", maligne, curieuse de tout, nerveuse, aimant bouger. C'est une bonne position pour un intellectuel ou un vendeur.
- ***En négatif :*** donne de la ruse et de la malhonnêteté.

### Vénus

- ***En positif :*** donne une personnalité "vénusienne", du charme, de la grâce, de la séduction. C'est une bonne position pour un comédien.
- ***En négatif :*** le natif compte trop sur ses charmes, ne pense qu'à plaire, qu'à s'amuser.

### Mars

- ***En positif :*** donne une personnalité "martienne", dynamique, autoritaire, sportive, rapide, fonceuse, courageuse.

  On trouve souvent cette position chez les sportifs, les chefs d'entreprise, les médecins.
- ***En négatif :*** agressivité, luttes.

### Jupiter

- ***En positif :*** donne une personnalité "jupiterienne", extravertie, faisant de grands gestes et parlant haut. Il donne de la présence. On trouve souvent cette position chez les acteurs et les hommes politiques.
- ***En négatif :*** personnalité prétentieuse.

### Saturne

- ***En positif :*** donne une personnalité "saturnienne" intravertie, sérieuse, réfléchie, pondérée. On trouve souvent cette position chez les savants ou les chercheurs.
- ***En négatif :*** personnalité bloquée, timorée.

### Uranus

- ***En positif :*** donne une personnalité "uranienne" originale, inventive, indépendante, sujette à des retournements soudains, intelligente, un peu brusque, rapide. Cette position se retrouve chez les inventeurs, les aviateurs, les astrologues.
- ***En négatif :*** difficulté à s'intégrer dans la société, le natif devient marginal.

### Neptune

- ***En positif :*** donne une personnalité "neptunienne" sensible, imaginative, mystique, intuitive, rêveuse. Cette position se retrouve souvent chez les artistes.
- ***En négatif :*** personnalité utopique n'ayant aucun sens du réel.

### Pluton

Donne un personnalité "plutonienne" souvent difficile à cerner, pouvant donner une personnalité puissante, dégageant un certain magnétisme ou, au contraire, une personnalité qui s'annihile elle-même.

## B. Les planètes au milieu du ciel

Les planètes au Milieu du Ciel marquent à la fois la personnalité du sujet et sa réussite socio-professionnelle.

Comme le Milieu du Ciel est aussi la Maison de la mère, il y aura un lien entre certaines qualités de la mère et le destin socio-professionnel du sujet.

### Soleil

- ***En positif :*** le sujet sait se montrer brillant en société. Possibilité de réussite socio-professionnelle surtout dans un domaine artistique. **Mère brillante.**
- ***En négatif :*** le sujet est plus prétentieux que brillant.

### Lune

- ***En positif :*** le sujet possède une grande imagination et une grande sensibilité. Il sait sentir l'air du temps. Il peut être célèbre et très populaire. Sa réussite est surtout liée à un public. On trouve souvent cette position chez les gens de spectacle ou chez les écrivains. **Mère imaginative et populaire.**
- ***En négatif :*** le destin du natif comporte des changements multiples. Destin mou et incertain.

### Mercure

- ***En positif :*** le natif possède de l'habileté, une grande faculté d'adaptation, de l'intérêt pour de multiples domaines. La réussite socio-professionnelle du sujet peut être liée à un travail intellectuel ou à une profession en rapport avec le commerce ou la communication. **Mère habile.**
- ***En négatif :*** destin sans envergure, superficialité, instabilité.

### Vénus

- *En positif :* la réussite peut être liée à un métier artistique. Le charme et la séduction exercés par le sujet lui apportent des appuis pour sa réussite socio-professionnelle. **Mère séduisante ou artiste.**
- *En négatif :* propension à vivre de ses charmes et à se laisser vivre.

### Mars

- *En positif :* cette position donne de l'esprit d'entreprise au sujet, de l'audace, du courage et une grande capacité à passer à l'action. Elle se retrouve chez les médecins, les chirurgiens, les chefs d'entreprise, les sportifs. Les officiers de l'armée ou dans la police. La réussite s'obtient par la lutte et l'action. **Mère dynamique et courageuse.**
- *En négatif :* destin comportant de nombreuses luttes.

### Jupiter

- *En positif :* le natif possède une "présence", une autorité naturelle ainsi qu'une bonne capacité à s'intégrer dans la société, une bonne intuition, de l'enthousiasme et de l'optimisme. Cette position donne de la chance au sujet. Elle se retrouve souvent chez les acteurs, les hommes politiques, les gourous. **Mère qui possède de l'autorité.**
- *En négatif :* sujet prétentieux. La réussite est plus une apparence qu'une réalité.

### Saturne

- *En positif :* cette planète donne du sérieux au sujet. Il est introverti, capable d'une grande concentration, de persévérance et de méthode. Il est ambitieux. On trouve cette position chez les savants, les chercheurs. **Mère sérieuse et travailleuse.**
- *En négatif :* pessimisme. Difficultés ou retard dans la réussite. Cette position n'est pas favorable à la vie artistique.

### Uranus

- ***En positif :*** cette planète donne de l'originalité, des idées hors du commun, une vive intelligence, voire du génie. On trouve cette position chez les inventeurs. Elle favorise les professions en rapport avec les sciences du futur, l'espace, la communication, l'informatique, l'intelligence artificielle, l'astronomie, l'aviation. Elle indique des changements d'orientation bien marqués dans la vie du sujet notamment à vingt et un ans et à quarante ans. **Mère originale.**
- ***En négatif :*** marginalité du sujet, difficulté d'adaptation. Changements brutaux dans le destin.

### Neptune

- ***En positif :*** cette planète donne une grande intuition, une sensibilité extrême au sujet. On trouve cette position chez les poètes, les musiciens, les artistes, les religieux. Mais également chez les grands hommes d'affaires *(Neptune leur donne le flair).* **Mère intuitive ou artiste.**
- ***En négatif :*** destin flou et inconsistant. Utopie.

### Pluton

- ***En positif :*** cette planète donne une certaine puissance au sujet qui peut établir une certaine emprise chez les autres. On la trouve chez des hommes politiques haut placés, chez certains chefs d'état, également chez des chefs d'entreprises. **Mère secrète cachant sa force.**
- ***En négatif :*** destin tragique ou détruit. Rien ne s'extériorise.

## C. Les planètes au descendant

Les planètes au Descendant marqueront également la personnalité du sujet, mais surtout elles indiqueront le comportement du natif vis-à-vis des autres en général *(qui peut être différent de celui qu'il manifeste avec son entourage immédiat, sa famille ou ses amis).* Elles indiquent également le genre de rapport qu'il établit et le genre de personnes qu'il sera amené à rencontrer.

### SOLEIL

- ***En positif :*** le sujet s'épanouit dans ses rapports avec les autres. Il rencontre des gens brillants ou en vue. Mariage brillant.
- ***En négatif :*** le sujet se trouve en butte à des ennemis brillants.

### LUNE

- ***En positif :*** le sujet manifeste de l'amitié et une grande sensibilité dans ses rapports avec les autres. Il rencontre beaucoup de monde. Il a souvent un métier de contact, ou un public. Il peut être célèbre. Il se trouve de préférence en contact avec des gens jeunes, amicaux, ou avec des femmes.
- ***En négatif :*** instabilité des rapports du sujet avec les autres.

### MERCURE

- ***En positif :*** Le sujet manifeste de la curiosité vis à vis des autres en général. Il aime échanger des idées. Il se trouve en rapport avec des gens jeunes de caractère ou avec des étudiants.
- ***En négatif :*** le sujet se heurte avec des jeunes ou des intellectuels ou attire leur hostilité.

### VÉNUS

- ***En positif :*** les contacts avec les autres éveillent le besoin de séduire du sujet qui est attiré par des partenaires artistes et séduisants. Cette position favorise les mariages d'amour.
- ***En négatif :*** le sujet est en butte à l'hostilité de gens artistes ou séduisants.

### Mars

- ***En positif :*** le sujet manifeste son énergie lorsqu'il se trouve en contact avec des gens.

  Il recherche des partenaires dynamiques voire agressifs.

- ***En négatif :*** risque de procès ou d'agressions.

### Jupiter

- ***En positif :*** excellents rapports avec les autres. Les contrats et les mariages sont bénéfiques et peuvent apporter la fortune et la réussite.

  Le natif recherche d'instinct les gens importants ou chanceux et les attire.

- ***En négatif :*** problèmes avec des hommes de loi.

### Saturne

- ***En positif :*** les rapports avec les autres sont basés sur le sérieux. Le natif se montre réservé. On peut le prendre pour un Capricorne.

  Il recherche d'instinct des gens d'expérience, portés à la recherche. Mariage solide basé sur la raison, l'intérêt ou le sérieux.

- ***En négatif :*** le natif a du mal à communiquer. Mariage tardif ou austère.

### Uranus

- ***En positif :*** le sujet manifeste de l'originalité dans ses rapports avec les autres. Il recherche d'instinct des gens indépendants et inventifs.

  Des changements inattendus et soudains peuvent surgir dans ses relations avec les autres.

- ***En négatif :*** risque de divorce, de ruptures soudaines.

### NEPTUNE

- ***En positif :*** le sujet manifeste un certain idéalisme dans ses rapports avec les autres, des penchants altruistes. Ses rapports sont basés sur l'intuition. Il se trouve en contact avec des artistes, des religieux ou des voyants.
- ***En négatif :*** associations ou mariage illusoires. Le natif peut se trouver face à des gens confus.

### PLUTON

- ***En positif :*** le sujet exerce un certain pouvoir sur les autres. Ce pouvoir peut être de nature sexuelle, ou magnétique. Cette position se trouve fréquemment chez les gens de spectacle. Il se trouve en contact avec des gens puissants.
- ***En négatif :*** le sujet peut se trouver en contact avec des personnages destructeurs et être victime d'agression, ou encore faire montre lui-même d'agressivité ou de despotisme vis-à-vis des autres.

## D. LES PLANÈTES AU FOND DU CIEL

Elles sont également puissantes, car elles représentent l'hérédité du sujet. Elles marquent donc sa personnalité, mais se manifesteront plus fortement durant la petite enfance ainsi que dans la dernière partie de la vie.

D'autre part, elles joueront un rôle dans la vie privée du sujet, son foyer. Enfin, elles manifesteront son intérêt dans le domaine du passé, de l'histoire ou de l'immobilier.

### SOLEIL

Hérédité brillante. Le sujet s'épanouit dans une belle maison, dans son foyer, Il s'intéresse à l'immobilier, au passé, à l'histoire. Dernière partie de vie brillante.

### Lune

Le natif hérite d'une grande imagination et d'une grande sensibilité. Importance de l'enfance du sujet et de son foyer. Changements de résidence. Popularité en fin de vie.

### Mercure

Hérédité intellectuelle. Ambiance intellectuelle au foyer. Des jeunes dans la maison. Le mental du sujet s'intéresse à son foyer. Le sujet peut exercer sa profession chez lui. Il peut se mettre à écrire ou à entreprendre des études à la fin de sa vie.

### Vénus

Hérédité artistique. Le sujet manifeste son affectivité chez lui avec sa famille. Il manifeste ses dons artistiques dans la décoration de son foyer.

Ou bien encore, amour en fin de vie.

### Mars

Energie héréditaire Des ancêtres médecins ou sportifs. Le sujet met son énergie au service de son foyer, de son habitation. Grande activité en fin de vie. Agressivité à la maison.

### Jupiter

Hérédité jupitérienne. Des ancêtres ont eu des postes importants. Foyer heureux, chance dans le patrimoine.

Réussite dans l'immobilier, la décoration. Réussite socio-professionnelle en fin de vie.

### Saturne

Hérédité saturnienne. Des savants parmi les ancêtres. Le natif peut faire de la recherche à son domicile. Réussite dans l'immobilier. L'ambiance du foyer est sérieuse et sage.

Frustrations durant la petite enfance. Ambiance mélancolique à la maison. Fin de vie solitaire..

### URANUS

Hérédité uranienne, des ancêtres originaux ou inventifs. Ambiance originale au foyer, ou bouleversements, ambiance nerveuse ou excentrique. Invention et vie indépendante durant la dernière partie de la vie.

### NEPTUNE

Hérédité mystique ou artiste. Ambiance religieuse ou artiste au foyer. Habitation au bord de la mer. Mysticisme ou religion en fin de vie.

### PLUTON

Hérédité plutonienne. Dons pour l'occulte. Des guerriers ou des médecins parmi les ancêtres. Un mystère peut planer à propos de l'hérédité du sujet. Ambiance mystérieuse ou destructrice au foyer. Puissance en fin de vie.

# II. *Les planètes dans les maisons intermédiaires*

## A. LES PLANÈTES EN MAISON II

*(Secteur de l'argent gagné et dépensé, secteur du travail rémunérateur).*

### SOLEIL

Le sujet s'intéressera à l'argent. Il sera capable de gagner beaucoup d'argent, mais aussi d'en dépenser avec largesse. Il pourra également en perdre beaucoup lors des mauvais passages planétaires.

Cette position se trouve fréquemment chez les banquiers, les financiers.

### Lune

Irrégularité dans le domaine financier. L'argent peut être gagné grâce à un public ou par un métier en rapport avec l'imagination ou l'intuition.

Fantaisie dans les dépenses.

### Mercure

De l'intelligence et de l'ingéniosité dans le domaine financier. Le travail peut être lié au commerce, à un travail intellectuel, à l'écriture.

### Vénus

Favorise la vie financière. L'argent peut être gagné dans un domaine artistique.

### Mars

Energie et esprit de conquête dans ce domaine.

### Jupiter

Favorise fortement la vie financière du sujet. Chance dans ce domaine.

Le sujet n'hésite pas non plus à dépenser beaucoup. Quand il y a des pertes financières, elles sont importantes. Favorise le travail dans le domaine financier ou bancaire.

### Saturne

Donne des frustrations dans ce domaine. L'argent peut venir tardivement. Il peut être gagné par un travail de recherche ou dans l'immobilier.

### Uranus

Donne des changements brusques dans ce domaine. Possibilité de gagner de l'argent par une profession en rapport avec l'espace ou l'informatique.

### Neptune

Peut donner des coups de chance mais aussi des illusions. Risque de fraudes. Possibilité de gagner de l'argent dans une activité artistique ou poétique, ou par un métier en rapport avec la mer.

### Pluton

Possibilité de gros gains mais aussi de pertes importantes. Possibilité de gagner de l'argent par un travail occulte ou dans le domaine de la chirurgie, de la sexologie, de la vulcanologie, etc.

## B. Planètes en maison III

*(Secteur du mental, du commerce, des frères et des sœurs).*

### Soleil

Entourage brillant. L'accent est mis sur le mental, les études ou le commerce. Esprit de synthèse. **Un frère (ou une sœur) réussit brillamment.**

### Lune

Mental imaginatif et crédule. Petits déplacements fréquents. La sensibilité se manifeste dans l'écriture, la communication. **Un frère (ou une sœur) imaginatif.**

### Mercure

Curiosité intellectuelle, mental ingénieux, sens du commerce. **Un frère (ou une sœur) intellectuel ou ingénieux.**

### Vénus

Mental artistique. Petits déplacements agréables. **Un Frère (ou une sœur) artiste.**

### Mars

Mental trépidant, agressivité dans la communication. Petits déplacements rapides. **Un frère (ou une sœur) dynamique.**

### Jupiter

Importance du mental, des études ou du commerce. Mental puissant. Esprit enthousiaste. **Un frère (ou une sœur) qui réussit.**

### Saturne

Mental réfléchi, capable d'une grande concentration. Peut aussi donner un esprit chagrin, des arrêts dans les études. **Un frère (ou une sœur) réfléchi ou pessimiste.**

### Uranus

Mental inventif, original. Indépendance d'esprit. **Un frère (ou une sœur) inventif.**

### Neptune

Mental rêveur ou mystique. Esprit idéaliste. **Un frère (ou une sœur) religieux ou mystique.**

### Pluton

Mental puissant, pénétrant, fécond, agressif. **Un frère (ou une sœur) agressif.**

## C. Planètes en maison V

*(Secteur de l'amour, des plaisirs, des enfants, des créations, de la scène).*

### Soleil

Le sujet s'épanouit dans les plaisirs, la création, les spectacles. Il s'intéresse aux enfants. Cette position se retrouve chez les créateurs, les gens de spectacle. **Un enfant de type solaire.**

### Lune

Prédispose à avoir plusieurs enfants. Imagination dans le domaine littéraire ou artistique. Favorise le domaine du spectacle. **Un enfant de type lunaire.**

### Mercure

Prédispose aux créations littéraires ou intellectuelles. Jeux intellectuels ou demandant de l'habileté manuelle. **Un enfant intelligent, intellectuel, ou ayant le sens du commerce.**

### Vénus

Prédispose aux créations artistiques ou au spectacle. Amour des plaisirs. Violons d'Ingres artistiques. **Un enfant artiste.**

### Mars

Prédispose aux créations d'entreprise. Le natif aime les plaisirs liés à l'action, au sport. **Un enfant dynamique.**

### Jupiter

Chance dans le domaine de la création. Favorise une profession liée au monde du spectacle. Grande importance des plaisirs et des distractions. La créativité est chaleureuse et enthousiaste. **Un enfant chanceux.**

### Saturne

Sobriété et rigueur dans la créativité. Les jeux se relient au sérieux, à la recherche. Jeux mathématiques ou jeux demandant de l'attention soutenue : échecs, jeu de go. **Un enfant sérieux et réservé.**

### Uranus

Création d'avant garde, voire futuriste. Le sujet a une préférence pour les jeux se reliant à l'espace, à la science fiction, à l'informatique. L'astrologie comme violon d'Ingres. Dons pour la mise en scène dans le cinéma ou la télévision. **Un enfant indépendant et inventif.**

### Neptune

Favorise l'inspiration créatrice. Se retrouve souvent chez les natifs qui jouent d'un instrument de musique. Création musicale ou poétique. **Un enfant artiste ou intuitif.**

### Pluton

Fécondité créatrice. Les plaisirs se relient à l'occultisme, à la sexualité. **Un enfant de type Plutonien.**

## D. Planètes en maison VI

*(Le travail, la santé, le conjoint).*

### Soleil

Le sujet s'épanouit dans le travail, le domaine médical. **Conjoint brillant.**

### Lune

Imagination, popularité dans le travail. Travail instable. **Conjoint imaginatif et sensible.**

### Mercure

Intelligence, ingéniosité dans le travail. Intérêt pour le médical ou le paramédical. **Conjoint de type cérébral.**

### Vénus

Les capacités artistiques se manifestent dans le cadre du travail. Travail artistique. **Conjoint artiste ou séduisant.**

### Mars

De l'énergie dans le travail. Le natif travaille vite et par à-coups.Travail lié à la médecine ou à la chirurgie. **Conjoint actif et sportif.**

### Jupiter

Donne de l'importance à ce domaine. Le natif peut être cadre. **Conjoint ayant de la présence et de l'autorité.**

### Saturne

Du sérieux et de la méthode dans le travail. Travail de chercheur ou de technicien. **Conjoint intraverti, réfléchi.**

### Uranus

De l'invention et de l'originalité dans le travail. Travail d'inventeur ou en rapport avec la télévision, l'informatique, le cinéma, l'astronomie. Changements de cap marqués dans ce domaine. **Conjoint indépendant.**

### Neptune

Intuition et inspiration dans le travail. Travail dans la médecine ou métier demandant intuition ou inspiration artistique. **Conjoint rêveur et intuitif.**

### Pluton

Intensité dans le travail. Le natif s'intéresse au domaine médical, à la chirurgie, à l'occulte. **Conjoint pas toujours commode.**

## E. Planètes en maison VIII

*(La mort, l'occulte, la sexualité, l'argent des autres).*

### Soleil

Le sujet s'intéresse au mystère de la vie et de la mort. Il peut avoir une profession en rapport avec l'occulte, la médecine ou la biologie, les finances, la bourse. Possibilité de contrats financiers importants ou d'héritage.

### Lune

Grande sensibilité aux phénomènes occultes, à l'idée de la mort. Instabilité dans le domaine financier du sujet ou dans celui de son conjoint.

### Mercure

Intérêt intellectuel du sujet pour le domaine de l'occulte ou de la biologie. Le sujet peut écrire sur un de ces sujets. Petits héritages.

### Vénus

Favorise les contrats financiers, la sexualité.

### Mars

Le sujet déploie son énergie pour obtenir des contrats financiers. Il peut travailler dans la banque, les finances, la bourse, l'assurance. Energie sexuelle ou occulte *(magnétisme)*.

### Jupiter

Favorise les gros contrats financiers ou les héritages.

### Saturne

Pertes d'héritage. Recherche dans le domaine de la biologie, de l'occulte. ou des finances.

### Uranus

Changements brutaux dans le domaine financier.

Innovation dans ce domaine ou dans celui de l'occulte.

### Neptune

Chance dans le domaine des contrats financiers. Possibilité de gagner dans les jeux de hasard.

Dons médiumniques.

### Pluton

Possibilité de gros héritages, mais également de pertes importantes.

Possibilité de décrocher de gros contrats financiers. Intérêt puissant pour l'occulte ou la sexualité.

## F. Planètes en maison IX

*(L'étranger, la loi, l'administration, l'enseignement, le père, la spiritualité).*

### Soleil

Possibilité de réussite ou d'honneurs à l'étranger, ou dans l'enseignement.

Aspirations pour les grands voyages, la spiritualité. **Père brillant, jouant un rôle important dans la vie du natif**.

### Lune

Multiples séjours à l'étranger. Possibilité de créer un foyer au-delà des mers. **Père intuitif, amical et rêveur.**

### Mercure

Travail à l'étranger, commerce dans l'import-export. Travail dans l'enseignement, l'administration.**Père ingénieux intellectuel ou ayant le sens du commerce.**

### Vénus

Amour à l'étranger ou avec un étranger. **Père artiste ou simplement séduisant.**

### Mars

Action ou agression à l'étranger. **Père dynamique et entreprenant.**

### Jupiter

Succès à l'étranger. Dons pour l'enseignement, la magistrature. **Père influent.**

### Saturne

Responsabilités au sein d'une administration. Obstacles ou retards au cours des voyages. **Père introverti et réfléchi.**

### Uranus

Voyages en avion. Découvertes et inventions au cours de voyages lointains. **Père original et inventif.**

### Neptune

Grande imagination. Idéal mystique ou religieux. Inspiration dans l'enseignement. Chance à l'étranger. **Père mystique ou artiste.**

### Pluton

Puissance ou richesse à l'étranger. **Père difficile à comprendre.**

## G. Planètes en maison XI

*(Les projets, les amis, la publicité, la communication, la télévision).*

### Soleil

Projets ambitieux. Intérêt pour la publicité, l'informatique ou la télévision. Dons pour le travail en équipe. Le sujet s'épanouit dans le domaine amical ou dans les relations mondaines. **Amis ou relations en vue.**

### Lune

Projets multiples. Châteaux en Espagne. Dons pour la communication. **Nombreux amis. Relations féminines.**

### Mercure

Projets intellectuels ou commerciaux. Possibilité de travailler dans des organismes internationaux. **Amis ingénieux et jeunes.**

### Vénus

Projets artistiques. Les dons artistiques peuvent se manifester dans la publicité, le cinéma, la télévision. **Amis artistes ou, en tous cas, séduisants.**

### Mars

Projets dynamiques. Activité importante dans le travail en équipe. **Amis actifs et sportifs.**

### JUPITER

Grands projets. Possibilité de réussite dans la publicité, ou les grands projets internationaux ou à but humanitaire. **Amis influents.**

### SATURNE

Projets sérieux. Dons pour la politique. **Amis introvertis, méthodiques et ambitieux, souvent d'âge mûr. Relations parmi les hommes politiques.**

### URANUS

Projets originaux. Dons pour l'informatique, la publicité, le cinéma,la télévision. **Amis hors du commun, parfois marginaux.**

### NEPTUNE

Projets idéalistes. Inspiration dans le domaine publicitaire ou dans celui de la télévision, du cinéma. **Amis artistes, ou mystiques.**

### PLUTON

Rêves de puissance. **Amis puissants.**

## H. PLANÈTES EN MAISON XII

*(Les lieux clos ou secrets, les épreuves, la vie intérieure).*

### SOLEIL

Aspiration à se réaliser dans le calme ou la solitude, dans des hôpitaux ou des laboratoires. ou des lieux secrets *(défense, abris anti-atomiques).* Intérêt pour la méditation, les retraites.

- ***En négatif :*** solitude imposée par le destin.

### LUNE

La sensibilité se manifeste particulièrement dans le domaine de l'occulte ou de la vie intérieure. Résidence dans des lieux clos.

- ***En négatif :*** maladie chronique, hospitalisation.

### Mercure

Le mental est tourné vers le secret, l'introspection, les travaux de médecine ou de laboratoire.

- ***En négatif :*** épreuves mentales. Maladies nerveuses.

### Vénus

L'amour du sujet, sa compassion envers les autres se manifestent dans les hôpitaux ou les prisons. Liaisons secrètes.

- ***En négatif :*** épreuves amoureuses.

### Mars

L'énergie du natif se manifeste dans le secret ou les lieux clos ou cachés. Activité dans les prisons, les hôpitaux.

- ***En négatif :*** accidents, maladies soudaines.

### Jupiter

La chance se manifeste dans le domaine représenté par cette maison. Puissance occulte ou secrète. Haute position dans une société secrète.

- ***En négatif :*** maladies de foie.

### Saturne

Travaux de recherche dans un laboratoire ou un hôpital. Retraites dans un ermitage. La réflexion se développe dans la solitude.

- ***En négatif :*** solitude imposée par le destin, maladies chroniques.

### Uranus

L'esprit d'invention du sujet se manifeste dans un travail solitaire, il fait des découvertes en laboratoire.

- ***En négatif :*** hospitalisation due à des maladies du système nerveux ou à des irradiations.

### Neptune

Le côté mystique du sujet se manifeste dans une retraite. Importance de la religion. Voyance.

- ***En négatif :*** maladies psychiques.

### Pluton

La puissance occulte du sujet se manifeste au sein d'une société secrète, dans un lieu à l'abri des regards indiscrets. Sexualité cachée.

- ***En négatif :*** mort en prison, à l'hôpital.

# Leçon 9

# QUALIFIER LES PLANÈTES PAR LES SIGNES

Nous avons vu que les planètes, agents du destin, agissent dans les domaines indiqués par les maisons. Ces planètes y manifestent leurs caractéristiques propres.

Cependant, l'action des planètes va être modulée de deux façons :

**1)** Par les signes dans lesquels elles se trouvent : ces signes vont en effet leur apporter leur propre coloration.

**2)** Par les autres planètes, lorsque ces autres planètes les influencent en étant en "aspect" avec elles.

Dans cette leçon, nous allons apprendre à qualifier les planètes par les signes. Les signes colorent les planètes. Ils indiquent comment vont être les planètes.

En astrologie, il ne s'agit pas d'apprendre par cœur, il s'agit de raisonnner.

C'est d'ailleurs la raison pour laquelle la pratique de l'astrologie développe la logique.

Pour vous montrer comment les astrologues énoncent les différentes interprétations, nous allons vous donner quelques exemples.

- Prenons d'abord, par exemple, Mercure. Il représente le mental. Le signe, dans lequel Mercure se trouve, va donc indiquer à Mercure quel genre de mental va caractériser le natif.

### *a) Si Mercure est en Vierge*

La Vierge est un signe mental également, c'est un signe de raisonnement, qui donne le sens du détail. Le mental indiqué par Mercure en Vierge sera particulièrement logique, analytique, et ayant le sens du détail. Et c'est ce mental particulièrement logique et analytique qui se manifestera dans le domaine indiqué par la maison.

Si ce Mercure en Vierge est en II, ce mental s'exercera particulièrement dans le secteur d'un travail lucratif.

Si ce Mercure en Vierge est en V le natif mettra ce mental particulièrement logique jusque dans ses moindres détails au service d'une œuvre littéraire ou universitaire.

Il ne faut donc pas confondre la signification des planètes en signes avec celles des planètes en maison.

### *b) Si Mercure est en Poissons*

Le mental du natif sera plus intuitif que logique et aura parfois du mal à raisonner.

C'est ce mental, fonctionnant d'avantage par intuition que par logique, qui s'exercera dans le domaine indiqué par la maison.

Si ce Mercure en Poissons est en II, le natif manifestera un maximum d'activité mentale dans le secteur des finances et du travail lucratif. Ce mental sera plus intuitif que logique.

- Prenons maintenant un exemple avec Vénus. Elle représente la vie amoureuse du natif et ses capacités artistiques.

***a) Si Vénus est en Vierge***

Vénus planète de l'amour sera mal à l'aise en Vierge car la Vierge est un signe de raison et de perspicacité tandis que l'amour, c'est bien connu, est aveugle !

Avec Vénus en Vierge, le natif aura du mal à s'empêcher de mêler l'amour à la raison. L'esprit critique et analytique de la Vierge agissant sur Vénus risque fort de lui faire trouver sans cesse des défauts à ses éventuels partenaires. Il aura donc du mal à trouver chaussure à son pied.

En ce qui concerne les capacités artistiques, Vénus sera plus littéraire que plastique.

***b) Si Vénus est en Taureau***

Le Taureau étant un signe d'art, de confort, de gourmandise, de sensualité, Vénus s'y trouvera fort bien. Le natif, au lieu d'avoir une vie amoureuse cérébrale comme dans la Vierge, aura une vie amoureuse sensuelle, gourmande et voluptueuse et s'épanouissant par les cinq sens.

Nous venons de voir avec Vénus et Mercure que certaines planètes pouvaient se trouver dans des signes qui, en quelque sorte, leur ressemblent et avec lesquels elles s'harmonisent parfaitement, comme Mercure en Vierge ou Vénus en Taureau, tandis que, dans d'autres signes qui ont une influence différente de celle de la planète, voire même parfois contraire, elles ne s'harmonisent pas. C'est que, en effet, il y a analogie, c'est à dire ressemblance, entre certains signes et certaines planètes. En fait, chaque planète est en analogie avec un signe ou deux. On dit alors que la planète est de même nature que ce signe, qu'elle est maîtresse de ce signe et, quand elle est dans le signe dont elle est maîtresse, on dit qu'elle est en domicile.

### VOICI LES MAÎTRISES DES PLANÈTES

- Le **SOLEIL** est maître du **LION.**
- La **LUNE** est maître du **CANCER.**
- **MERCURE** est maître des **GÉMEAUX** et de la **VIERGE.**
- **VÉNUS** est maître du **TAUREAU** et de la **BALANCE.**
- **MARS** est maître du **BÉLIER.**
- **JUPITER** est maître du **SAGITTAIRE** et en deuxième position des **POISSONS.**
- **SATURNE** est maître du **CAPRICORNE** et en deuxième position du **VERSEAU.**
- **URANUS** est maître du **VERSEAU** et en deuxième position du **CAPRICORNE.**
- **NEPTUNE** est maître des **POISSONS** et en deuxième position du **SAGITTAIRE.**
- **PLUTON** est maître du **SCORPION** et en deuxième position du **BÉLIER.**

Quand les planètes sont dans les signes qui sont opposés à leur domicile, on dit qu'elles sont en exil, car elles sont dans des signes dont l'influence va dans le sens contraire, comme par exemple Mercure en Poissons. Quand elles ne sont ni dans leur domicile ni dans leur exil, on dit qu'elles sont pérégrines *(ce qui veut dire qu'elles sont là, c'est tout).* Enfin, pour chacune des sept planètes traditionnelles, existe un degré bien spécifique du zodiaque. Sur ce degré, l'effet de la planète est particulièrement intense. Ses qualités sont exacerbées tant dans ses qualités positives que dans ses qualités négatives. C'est le degré d'exaltation de la planète.

### Voici ces degrés d'exaltation

- **Soleil** 9° du **Bélier**
- **Lune** 3° du **Taureau**
- **Mercure** 15° de la **Vierge**
- **Vénus** 28° des **Poissons**
- **Mars** 29° du **Capricorne**
- **Jupiter** 15° du **Cancer**
- **Saturne** 21° de la **Balance**

Ces données nous ont été transmises par la Tradition qui ne nous a rien laissé au sujet des degrés d'exaltation d'Uranus, Neptune et Pluton. Comme les clefs de ces degrés restent encore mystérieuses, il est impossible aujourd'hui de trouver les degrés d'exaltation de ces trois planètes par déduction. Voici pour finir le tableau des domiciles et des exils des planètes.

**Tableau des domiciles et des exils des planètes**

| Planètes | Domicile | Exil |
|---|---|---|
| Soleil | Lion | Verseau |
| Lune | Cancer | Capricorne |
| Mercure | Gémeaux | Sagittaire |
| | Vierge | Poissons |
| Vénus | Taureau | Scorpion |
| | Balance | Bélier |
| Mars | Bélier | Balance |
| | (Scorpion) | (Taureau) |
| Jupiter | Sagittaire | Gémeaux |
| | (Poissons) | (Vierge) |
| Saturne | Capricorne | Cancer |
| | (Verseau) | (Lion) |
| Uranus | Verseau | Lion |
| | (Capricorne) | (Cancer) |
| Neptune | Poissons | Vierge |
| | (Sagittaire) | (Gémeaux) |
| Pluton | Scorpion | Taureau |
| | (Bélier) | (Balance) |

*Remarque : les domiciles, exils et pérégrines des planètes influent sur la qualité et l'intensité de la planète, tandis que l'exaltation joue uniquement sur la force de la planète.*

Revenons maintenant à l'analyse des planètes en signes. Cette analyse permettra de bien distinguer les différents facettes d'un individu et de ne pas mettre toutes les planètes dans le même panier. L'on va voir, en effet, que certains éléments du thème sont trompeurs, pouvant induire l'astrologue en erreur.

En effet, si Mercure est en Vierge, le natif raisonnera comme une Vierge et l'astrologue débutant aura tendance à le cataloguer un peu vite comme étant du signe de la Vierge *(c'est-à-dire ayant son Soleil en Vierge).* Mais attention : le raisonnement est une chose, le caractère, les aspirations, la personnalité en sont une autre. Si le natif a son Soleil en Lion tandis que son Mercure est en Vierge, il aura certes un raisonnement Vierge mais un caractère et des aspirations Lion !

Pour trouver la signification des planètes en signe, *(ce qui revient à dire, trouver comment les signes influencent les planètes, comment ils modulent leur action)* il suffit de se souvenir de la signification des signes et de celle des planètes et de raisonner. Voici, pour vous aider, un mémo résumant la signification de chacune des dix planètes dans les douze signes. Ces significations ne sont pas limitatives.

## LE SOLEIL EN SIGNES DONNE DES INDICATIONS SUR LA PERSONNALITÉ ET LES ASPIRATIONS DU NATIF

### EN BÉLIER

- ***Personnalité :*** ardente, active, énergique, courageuse, agressive, pressée.
- ***Aspirations :*** agir, aller de l'avant, commander, gagner.
- ***Tendances professionnelles :*** chef d'entreprise.

### En Taureau

- ***Personnalité :*** ancrée dans le réel, tenace, travailleuse, aimant la campagne, sensuelle, gourmande.
- ***Aspirations :*** acquérir, posséder.
- ***Tendances professionnelles :*** banque, art *(chant)*, agriculture, nourriture.

### En Gémeaux

- ***Personnalité :*** adolescente, curieuse, maligne, gaie.
- ***Aspirations :*** apprendre et s'amuser.
- ***Tendances professionnelles :*** astronomie, beaux arts, commerce, communication.

### En Cancer

- ***Personnalité :*** tendre, nonchalante, rêveuse.
- ***Aspirations :*** imaginer, materner, nourrir.
- ***Tendances professionnelles :*** décoration, antiquités, histoire, enfants, marine, import-export.

### En Lion

- ***Personnalité :*** forte, rayonnante, orgueilleuse.
- ***Aspirations :*** briller, régner, vise le grandiose.
- ***Tendances professionnelles :*** arts, spectacles, postes de direction.

### En Vierge

- ***Personnalité :*** cérébrale, nerveuse.
- ***Aspirations :*** comprendre, cataloguer, ranger, classer, aider, soigner.
- ***Tendances professionnelles :*** sciences de la nature, médecine, enseignement, secrétariat, ministère d'état.

### EN BALANCE

- ***Personnalité :*** aimable, courtoise, équitable, sensible.
- ***Aspirations :*** légiférer, juger, évaluer, harmoniser.
- ***Tendances professionnelles :*** droit, arts, esthétique, musique, gouvernement.

### EN SCORPION

- ***Personnalité :*** dynamique, agressive, curieuse.
- ***Aspirations :*** lutter, percer, décrypter.
- ***Tendances professionnelles :*** chirurgie, biologie, psychanalise, armée, vulcanologie, occultisme.

### EN SAGITTAIRE

- ***Personnalité :*** enthousiaste, aventureuse, extravertie.
- ***Aspirations :*** partir, voyager, explorer, étudier, administrer.
- ***Tendances professionnelles :*** langues étrangères, sport, courses de chevaux, architecture, magistrature.

### EN CAPRICORNE

- ***Personnalité :*** introvertie, réfléchie, sérieuse.
- ***Aspirations :*** grimper, réfléchir, méditer.
- ***Tendances professionnelles :*** sciences et techniques, géologie, alpinisme, professions du froid, politique.

### EN VERSEAU

- ***Personnalité :*** originale, indépendante, rapide.
- ***Aspirations :*** innover, inventer, anticiper, explorer le temps et l'espace.
- ***Tendances professionnelles :*** astronomie, astronautique, aviation, informatique, publicité, télévision, science de pointe.

### En Poissons

- ***Personnalité :*** rêveuse, amicale, insaisissable, mystique.
- ***Aspirations :*** naviguer, s'unir, aimer.
- ***Tendances professionnelles :*** marine, poésie, musique, religion, médecine, voyance, hôtellerie, boissons.

## La lune en signes indique comment on reçoit les choses

### En Bélier

- Sensibilité vive et agressive.

### En Taureau

- Sensibilité animale, réagissant fortement aux odeurs, aux sensations tactiles, aux sons, aux couleurs.

### En Gémeaux

- Sensibilité à fleur de peau, assez cérébrale.

### En Cancer

- Sensibilité fluctuante, émotive. Réagit à la tendresse et à la nourriture.

### En Lion

- Sensibilité à l'honneur, susceptibilité. Réagit à la beauté, à la grandeur.

### En Vierge

- Sensibilité raffinée, à fleur de peau. Réagit aux détails.

### En Balance

- Sensibilité fine. Réagit à l'injustice et aux discordances.

### En Scorpion

- Sensibilité en profondeur. Réagit à la sexualité, à l'agressivité, au mystère.

### EN SAGITTAIRE

- Sensibilité saine, s'exprime sans complexes.

### EN CAPRICORNE

- Sensibilité contrôlée, a du mal à s'extérioriser.

### EN VERSEAU

- Sensibilité rapide et nerveuse fonctionne par à coups.

### EN POISSONS

- Sensibilité à tendance mystique.

## VÉNUS EN SIGNES INDIQUE LES QUALITÉS DE L'AFFECTIVITÉ ET DES CAPACITÉS ARTISTIQUES DU NATIF

### VÉNUS EN AMOUR EST :

- Ardente et active en **BÉLIER**, parfois expéditive.
- Sensuelle en **TAUREAU,** parfois possessive.
- Raffinée en **GÉMEAUX,** parfois dispersée.
- Maternelle en **CANCER,** parfois naïve.
- Passionnée en **LION** parfois exigeante.
- Cérébrale en **VIERGE** parfois trop critique.
- Gourmande en **BALANCE,** parfois indécise.
- Sexuelle en **SCORPION,** parfois sadique.
- Sans complexe en **SAGITTAIRE,** parfois sans frein.
- Contrôlée en **CAPRICORNE,** parfois intéressée.
- Originale en **VERSEAU,** parfois détachée.
- Intense en **POISSONS,** parfois confuse.

## MERCURE EN SIGNES INDIQUE LES QUALITÉS DU MENTAL

### LE MENTAL EST :

- Vif, parfois agressif en **BÉLIER.**
- Concret, parfois lent en **TAUREAU.**

- Habile, parfois dispersé en **Gémeaux.**
- Imaginatif, parfois instable en **Cancer.**
- Synthétique, parfois rigide en **Lion.**
- Logique, parfois pointilleux en **Vierge.**
- D'un bon jugement, parfois indécis en **Balance.**
- Pénétrant, parfois agressif en **Scorpion.**
- Filant droit au but, mais ayant tendance parfois à escamoter les étapes en **Sagittaire.**
- Réfléchi, concentré mais parfois lent en **Capricorne.**
- Inventif, rapide, parfois génial en **Verseau.**
- Intuitif, parfois flou en **Poissons.**

## Mars en signes renseigne sur les qualités de l'action, l'énergie

### En Bélier :

- Physique, facile, entreprenante, hardie, parfois agressive.

### En Taureau :

- Instinctive, puissante, persistante, parfois lente à démarrer.

### En Gémeaux :

- Cérébrale, nerveuse, aisée sur de courtes durées.

### En Cancer :

- Fluctuante, liée à l'imagination.

### En Lion :

- Hardie, enthousiaste.

### En Vierge :

- Mentale, nerveuse.

### En Balance :

- En dents de scie avec des hauts et des bas.Le choix de l'action peut être difficile. A besoin de s'exercer avec justice.

### En Scorpion :

- Résolue, courageuse, parfois agressive.

### En Sagittaire :

- Enthousiaste, tendue vers un but, physique et spirituelle.

### En Capricorne :

- Concentrée, tenace, prudente, contrôlée, exercée sur une longue durée. Peut être dure, cassante.

### En Verseau :

- Vive, nerveuse, cérébrale, par impulsions rapides en rafales.

### En Poissons :

- Imaginative, peut avoir du mal à se manifester concrètement.

## Jupiter en signes renseigne sur la qualité de l'enthousiasme, du flair, de la chance et de l'expansion

### En Bélier :

- Enthousiasme conquérant. Chance par à-coups.

### En Taureau :

- Enthousiasme bienveillant.

### En Gémeaux :

- Enthousiasme intellectuel, chance irrégulière.

### En Cancer :

- Enthousiasme fluctuant, intuition, chance.

**EN LION :**

- Enthousiasme flamboyant, chance brillante.

**EN VIERGE :**

- Enthousiasme raisonné, flair contrôlé ou freiné par la raison.

**EN BALANCE :**

- Enthousiasme équilibré, parfois oscillant, flair parfois très exact, parfois fluctuant.

**EN SCORPION :**

- Enthousiasme conquérant, parfois agressif qui peut jouer en profondeur et d'une façon secrète.

**EN SAGITTAIRE :**

- Enthousiasme ardent pouvant être inspiré, communicatif. Emporte l'adhésion des autres, mais peut s'emballer et devenir exagéré, bruyant. Favorise la chance qui peut tomber du ciel.

**EN CAPRICORNE :**

- Enthousiasme contrôlé, retenu par la prudence. La force de conviction est freinée mais permet d'éviter les grosses erreurs. Peut emporter l'adhésion à long terme mais peut laisser passer la chance. Chance provoquée par la réflexion.

**EN VERSEAU :**

- Ehance par à-coups hauts et bas dans l'enthousiasme et la chance. Parfois trop de précipitation dans l'enthousiasme. Le flair peut être fulgurant et la chance soudaine.

**EN POISSONS :**

- Enthousiasme et flair peuvent jouer sans limites. Coups de chance insolents. Mais aussi l'enthousiasme et le flair peuvent être confus.

## SATURNE EN SIGNES RENSEIGNE SUR LA QUALITÉ DE LA RÉFLEXION, DE LA CONCENTRATION, DE L'EFFORT

### EN BÉLIER :

- Le Bélier est le signe de l'impulsion, de la rapidité, de l'impatience. Cette position de Saturne favorise la concentration physique, *(musculaire)*. Sur le plan mental l'effort et et la concentration se feront sur une courte durée. Ils seront très intenses car dynamisés mais accélérés et stimulés par la compétition. De même les obstacles jailliront par à-coups.

### EN TAUREAU :

- Le Taureau est un signe de labeur et de patience mais il est aussi le signe de Vénus. Saturne dans ce signe montrera de bonnes qualités de concentration et de persévérance. Grande concentration dans le domaine sensoriel.

### EN GÉMEAUX :

- L'attention sera sollicitée par divers intérêts et aura du mal à aboutir à une concentration longtemps placée sur un même sujet. Elle se fera par petites touches et stimulée par la curiosité. Les problèmes seront légers et tributaires du mental.

### EN CANCER :

- Concentration et persévérance fluctuantes et irrégulières, tributaires de l'état émotionnel et de l'ambiance. Forte dans l'imaginaire.

### EN LION :

- Le Lion est signe d'enthousiasme, d'élan et de vie alors que Saturne est une planète de mélancolie et de sérieux. Il peut donner du brillant, de la force à la concentration. L'effort et l'attention seront tributaires de la volonté, de l'ambition. La concentration sera ambitieuse et dure.

### En Vierge :

- La concentration, l'effort seront stimulés et guidés par le raisonnement, l'analyse. Ils seront plus intellectuels que physiques. Ils seront tributaires du mental, du besoin de comprendre. Mais parfois la concentration sera gênée par la nervosité du sujet.

### En Balance :

- Concentration équilibrée qui peut être très forte lorsque Saturne se trouve sur son degré d'exaltation, mais qui peut être oscillante lorsqu'il s'en éloigne. L'effort et l'attention sont stimulés par le souci d'équilibre.

### En Scorpion :

- La concentration reçoit la force intérieure du Scorpion. L'effort et l'attention peuvent être très puissants, soutenus, parfois agressifs. Ils sont stimulés par le combat.

### En Sagittaire :

- L'effort et l'attention se font dans l'enthousiasme. Le Sagittaire dilate. Aussi la concentration peut-elle avoir du mal à se faire en profondeur. Saturne d'autre part manque de prudence.

### En Capricorne :

- Toutes les capacités de Saturne jouent à plein. Patience, prudence, persévérence, attention et concentration soutenues, intenses et stimulées par la recherche ou l'intérêt.

### En Verseau :

- Concentration mentale nerveuse peut être fulgurante. Stimulée par les idées nouvelles.

### En Poissons :

- L'effort et l'attention sont inspirés et la concentration peut avoir une coloration mystique. Peut donner la sagesse. Mais l'attention peut aussi se diluer dans le flou ou le rêve.

## URANUS EN SIGNES RENSEIGNE SUR LA QUALITÉ DE L'INTELLIGENCE INVENTIVE, SUR L'ORIGINALITÉ, LA POSSIBILITÉ D'INNOVER, DE SE REMETTRE EN QUESTION, DE CHANGER DE DIRECTION

### EN BÉLIER :

- Intelligence dynamisée, originalité, invention active, moments novateurs forts, changements de cap vécus dans l'action et parfois avec brutalité.

### EN TAUREAU :

- Intelligence stable. L'esprit novateur se fait dans la continuité. Les changements de cap se font d'une façon réfléchie.

### EN GÉMEAUX :

- Les changements de cap sont assez fréquents mais relativement en surface.

  Les changements se font par petites touches. Multiples innovations. Nervosité.

### EN CANCER :

- Les facultés d'invention sont liées à l'imagination. Esprit d'indépendance variable, fluctuant et tributaire des ambiances.

### EN LION :

- Lntelligence brillante, génie synthétique, saisie globale de la connaissance, mais peut avoir du mal à innover. Les changements se font sans concession, d'une manière irrévocable.

### EN VIERGE :

- Le raisonnement et le détail provoquent l'invention. Nervosité. Changements tributaires de l'état du mental.

### En Balance :

- Le côté sec d'Uranus est tempéré par le côté vénusien de la Balance. Les idées sont stimulées par le besoin d'harmonie et de justice. Originalité modérée par le besoin d'équilibre. Idées justes.

### En Scorpion :

- L'intelligence inventive prend sa source dans l'instinct, le subconscient. Originalité parfois agressive. Les idées peuvent être profondément transformatrices. Changements en profondeur pouvant être rénovateurs ou destructeurs.

### En Sagittaire :

- Idées larges, intelligence capable de faire la synthèse. Peut avoir des éclairs de génie prophétique.

### En Capricorne :

- Idées nouvelles et inventions soutenues par la réflexion et la concentration. Mais les idées peuvent mettre du temps à surgir. Les changements sont cassants et durs.

### En Verseau :

- Uranus joue à plein. Originalité, indépendance, goût très fort de la liberté. Esprit novateur, en avance sur son temps. Changements radicaux.

### En Poissons :

- L'imaginaire et l'intuition provoquent les idées nouvelles et l'invention. Mais parfois idées confuses.

## Neptune en signes renseigne sur la qualité de l'intuition, du mysticisme, de l'amour du prochain

### En Bélier :

- L'intuition est stimulée par l'action. Intuition plus pragmatique que mystique, voire physique. L'action provoque l'intuition par exemple dans les arts martiaux qui deviennent un moyen privilégié de la développer. Autrement l'intuition procède par à-coups. Amour ardent.

**EN TAUREAU :**

- L'intuition sensorielle. Stimulée ou induite par la perception sensorielle. L'amour est plus sensuel que mystique.

**EN GÉMEAUX :**

- L'intuition se diversifie et s'éparpille. Elle peut toutefois être très fine. Est d'avantage cérébrale que mystique. L'amour est plus mental que mystique.

**EN CANCER :**

- Les qualités de rêve et d'imagination se développent bien, mais l'intuition peut être fluctuante et soumise aux atmosphères psychiques qui entourent le sujet. Tendance à materner dans l'amour.

**EN LION :**

- Le sens du beau, l'inspiration artistique sont favorisés. Aspiration au divin. Intuition au niveau de la synthèse.

**EN VIERGE :**

- Neptune y est en exil. Planète d'intuition dans un signe de raisonnement. L'intuition a du mal à agir par elle-même. Elle partira d'un raisonnement ou sera contrôlée, ou freinée par la logique. Elle peut aussi être très fine. Les qualités de dévouement peuvent jouer car la Vierge est un signe de service.

**EN BALANCE :**

- Inspiration artistique et musicale favorisée. Bonne intuition pour sentir l'authenticité des gens et des choses, pour les évaluer correctement. Mais elle peut être oscillante ou hésitante. En amour recherche de l'harmonie, de l'équilibre.

### EN SCORPION :

- L'intuition est stimulée par ce qui est mystérieux. Intuition en profondeur permettant d'accéder à des plans invisibles. L'intuition peut être forte et instinctive. L'amour prend une forme sexuelle.

### EN SAGITTAIRE :

- Intuition prophétique et inspirée. Bonne inspiration artistique. Intuition spirituelle. Amour généreux et sans frontières.

### EN CAPRICORNE :

- Les qualités mystiques de Neptune jouent dans le dépouillement. L'intuition peut être déclanchée par la réflexion, la méditation, la concentration, l'ascétisme. L'intuition a tendance à être contrôlée, dirigée. Peut aussi être plus pragmatique que mystique. Amour contrôlé.

### EN VERSEAU :

- Intuition fulgurante plus cérébrale que mystique. Les qualités de dévotion et d'amour de Neptune auront du mal à se manifester ou alors elles le feront d'une façon originale.

### EN POISSONS :

- Les qualités de Neptune jouent à plein. Inspiration et intuition à tendance mystique, poétique, artistique ou religieuse. L'amour peut se manifester sous toutes ses formes : compassion, passion.

## PLUTON EN SIGNES RENSEIGNE SUR LA PUISSANCE DU NATIF, SUR SA FÉCONDITÉ ET SES FACULTÉS DESTRUCTIVES

### EN BÉLIER :

- La puissance instinctive de Pluton se manifeste ouvertement. Sexualité franche.

### EN TAUREAU :

- Puissance instinctive, stimulée par les sens. Sexualité voluptueuse, féconde. Agressivité lente à démarrer mais peut être forte.

### EN GÉMEAUX :

- Les instincts sont intellectualisés. La sexualité est stimulée par la curiosité ou le jeu.

  L'agressivité est surtout mentale. Elle peut s'éparpiller.

### EN CANCER :

- Sexualité sentimentale ou maternante, peut être stimulée par l'image. Prend ses racines dans les impressions de l'enfance. Parfois immature.

  Puissance instinctive à dominante intuitive. Agressivité fluctuante.

### EN LION :

- Agressivité. Instinct de puissance et de domination extériorisé. Sexualité franche et hardie, sans complexe. La sexualité est stimulée par la beauté, le spectacle.

### EN VIERGE :

- L'instinct et l'agressivité s'intellectualisent, se civilisent et se trouvent soumis à la raison.

  La sexualité est tributaire de l'intellect. La puissance sexuelle s'intellectualise. Puissance mentale.

### EN BALANCE :

- L'instinct se police. Le besoin d'équilibre et de relationnel sous-tend la sexualité.

  Sexualité empreinte d'esthétisme, gourmande. Puissance charmeuse. Peut être plus dure à 21° du signe.

### EN SCORPION :

- Les caractéristiques de Pluton jouent à plein. Puissance instinctive remarquable, sexualité forte. Les forces de vie et de mort dépendront des aspects de Pluton dans le thème. Charisme. Puissance occulte, magnétisme. Emprise sur les autres.

### EN SAGITTAIRE :

- La puissance de Pluton s'extériorise plus facilement. Elle est plus franche et plus directe, plus spirituelle qu'occulte. Puissance sexuelle, fécondante. Puissance prophétique ou organisatrice.

### EN CAPRICORNE :

- La force de Pluton est contrôlée mais peut être dure, forte, concentrée ou cassante et très intense. Force et courage. Capacité de lutte dans les moments difficiles. La puissance sexuelle de Pluton est également tenue en laisse et manque de sensualité. Parfois elle peut être violente.

### EN VERSEAU :

- Les pulsions sont plus abstraites. La puissance occulte de Pluton jouent fortement et par à-coups. Puissance intellectuelle et inventive. Sexualité originale et plus cérébrale qu'animale.

### EN POISSONS :

- Les pulsions animales sont empreintes de mysticisme, d'esthétisme ou vécues dans l'imaginaire. L'agressivité est moins violente. La sexualité amoureuse a besoin de se donner corps et âme. Rayonnement spirituel.

# Leçon 10

# QUALIFIER LES PLANÈTES PAR LES PLANÈTES : SIGNIFICATION DES ASPECTS

Nous avons vu que la qualité d'une planète était modulée par le signe dans lequel elle se trouve. Elle va être également influencée par les planètes plus lentes avec lesquelles elle se trouve reliée, c'est-à-dire en aspect. Si bien que l'on trouvera rarement les caractéristiques pures d'une planète en signe mais les caractéristiques d'une planète en signe, modulée par la coloration de la planète qui lui envoie un aspect. Par exemple, un Soleil en Taureau, relié à Mars, ressemblera souvent davantage à un Soleil en Bélier qu'à un Soleil en Taureau. Un aspect fort du Soleil avec une autre planète va donc être trompeuse. Un Soleil conjoint à Saturne fera penser à un Soleil en Capricorne; conjoint à Pluton, il fera penser à un Soleil en Scorpion; conjoint à Uranus, à un Soleil en Verseau; conjoint à Jupiter, à un Soleil en Sagittaire et ainsi de suite.

Trouver la signification des aspects est une question de logique. Il y a peu de choses à savoir, en dehors de l'action principale des planètes qui découle de leur propre signification. Or, depuis la leçon quatre, nous sommes déjà familiarisés avec cette signification.

## A. L'action principale des planètes

### Pluton. Il pénètre et féconde ou détruit.

- ***En positif :*** apporte énergie profonde et à long terme, ainsi qu'une puissance fécondante qui peut être intellectuelle, sexuelle, créative, financière, politique.
- ***En négatif :*** apporte destruction, violence, viol, annihilation. Il peut aussi détruire pour tranformer.

### Uranus. Il éveille, excite ou casse.

- ***En positif :*** libère, il anticipe, il stimule, il accélère, il électrise, il réforme, il rénove.
- ***En négatif :*** apporte tensions, nervosité, voire hystérie, excentricité, marginalité, cassures, révoltes, ruptures.

### Neptune. Il inspire, idéalise ou dissoud.

- ***En positif :*** apporte inspiration, sensibilité, imagination, idéalisation, compassion, intuition. Cette intuition peut jouer dans le domaine littéraire ou artistique, financier ou religieux.
- ***En négatif :*** apporte dissolution, illusion, utopie, ou confusion, hypersensibilité, passivité, influençabilité.

### Jupiter. Il amplifie, protège, ou exagère.

- ***En positif :*** apporte dilatation, pléthore, épanouissement, optimisme, enthousiasme, chance. Il légalise.
- ***En négatif :*** apporte excès, désorganisation, imprudence.

### Saturne. Il concentre, contrôle, ou ralentit.

- ***En positif :*** apporte concentration, approfondissement, réflexion, rigueur, méditation, sérieux, prudence, sagesse. Il "bétonne".
- ***En négatif :*** apporte rétraction, frein, blocage, obstacle, négativisme, anxiété.

### Mars. Il active, tonifie, ou agresse.

- ***En positif :*** apporte une énergie immédiate. Il dynamise, il accélère, il permet le "passage à l'acte".
- ***En négatif :*** apporte impulsivité, témérité, agressivité, blessures.

### Vénus. Elle bonifie, embellit ou "fénéantise".

- ***En positif :*** apporte harmonie et douceur. Elle donne du bonheur, du plaisir, de l'amour.
- ***En négatif :*** apporte un excès de féminité, du désordre, de la paresse.

### Mercure. Il connecte, il intellectualise ou énerve.

- ***En positif :*** apporte adaptabilité, mouvement, agilité, habileté, logique, communication.
- ***En négatif :*** disperse.

### Le Soleil.
### Il donne de l'éclat, de l'autorité ou de l'excès.

- ***En positif :*** apporte de la puissance, de la grandeur.
- ***En négatif :*** brûle.

### La Lune. Elle féminise, elle rajeunit, rend instable.

- ***En positif :*** apporte de la popularité, de la fécondité. Elle féminise.
- ***En négatif :*** elle apporte de la naïveté, de l'émotivité, du rêve.

## B. Action positive ou négative de la planète

### D'une façon générale, on dit que :

- Les trigones et les sextils exercent une action positive.
- Les oppositions et les carrés, une action négative.
- Quant aux conjonctions, cela dépend des planètes en présence.

Les conjonctions, les oppositions et les carrés sont des aspects forts mais par toujours faciles à gérer, tandis que que les sextils et les trigones sont des aspects plus souples, qui se gèrent sans problèmes mais ne donnent pas toujours des résultats extraordinaires. Ils sont moins intenses.

### D'autre part, l'action "bénéfique" ou "maléfique" :

*Termes traditionnels* d'un aspect dépendra des planètes en présence, d'autre part, du reste du thème.

- **Par exemple**, dans le cas d'une opposition, les planètes pourront soit se contrarier, elles "s'opposent" alors vraiment, soit s'aider mutuellement. Des planètes qui se ressemblent vont, en principe, davantage s'harmoniser que des planètes de natures très différentes par exemple : Vénus et Jupiter en opposition peuvent donner de la richesse et du succès tandis qu'une opposition Saturne-Vénus peut être frustrante pour Vénus.

Enfin, un aspect difficile peut très bien être mal utilisé et mal vécu par un sujet durant la première partie de sa vie, puis, suivant son évolution, être bien utilisé. Il devient alors favorable, surtout s'il s'agit d'une opposition.

- Les carrés sont plus violents, plus cassants et par conséquent plus difficiles à vivre mais c'est que, en réalité, ils sont très puissants et par leur excès même, les tensions qu'ils suscitent risquent de provoquer des catastrophes. Ils annoncent, en tous cas, des changements ou des remises en question. Ils provoquent des chocs mais ces chocs permettent en général des mutations intéressantes.

• En ce qui concerne la conjonction : il s'agit d'un aspect très puissant. C'est la planète lente qui, en général, colore l'autre.

**VOICI LEUR ORDRE DE VITESSE EN ALLANT DE LA PLUS LENTE À LA PLUS RAPIDE :**

**• PLUTON • URANUS • NEPTUNE • SATURNE • JUPITER • MARS • SOLEIL • MERCURE • VÉNUS • LUNE**

Quant à sa qualification de positif ou de négatif, cela dépend évidemment du point de vue auquel on se place : une conjonction Saturne-Vénus ne donne pas un épanouissement extraordinaire à Vénus. Par contre, il lui donne du sérieux et de la durée dans le domaine amoureux et en ce qui concerne les capacités artistisques, un style sobre et dépouillé. Vous êtes maintenant en possession des données de base. Il n'y a plus qu'à raisonner et non à apprendre par cœur. Pour vous mettre sur la voie, voici un certain nombre d'exemples de combinaisons d'influences.

## C. EXEMPLES DE COMBINAISONS SIMPLES D'INFLUENCES

Les interprétations données ne sont pas limitatives. Elles servent essentiellement d'indications au niveau du raisonnement. Commençons ces exemples par les aspects reçus par le Soleil.

### LE SOLEIL RECEVANT LES ASPECTS :

#### DE PLUTON

- ***En positif :*** *(une conjonction, un trigone, un sextil)* personnalité puissante et magnétique, ambitieuse, volonté affirmée, puissance créatrice. L'instinct au service de l'esprit.
- ***En négatif :*** *(un carré, une opposition mal contrôlée)* personnalité difficile, passant par des phases de transformations importantes. Négativisme, irritabilité, inquiétudes, voire autodestruction. Antagonismes entre l'instinct et l'esprit.

- Utiliser, un carré entre ces deux planètes pousse le natif à provoquer, avec audace, des transformations radicales dans sa vie.

### D'Uranus

- ***En positif :*** personnalité vive, originale, inventive, indépendante, rapide. Esprit clair, capable d'anticiper.
- ***En négatif :*** personnalité excentrique, cassante, ayant du mal à s'intégrer dans les groupes. Tendance à changer d'orientation du tout au tout.

### De Neptune

- ***En positif :*** personnalité intuitive, idéaliste. Le cœur et l'esprit fonctionnent de concert. Compréhension mystique.
- ***En négatif :*** personnalité utopique. Confusion de l'esprit, difficulté à discerner le réel du rêve.

### De Jupiter

- ***En positif :*** personnalité optimiste, bienveillante, tolérante, généreuse, enthousiaste, extravertie.
- ***En négatif :*** personnalité prétentieuse, égocentrique, mégalomane, théatrale, "m'as-tu-vu".

### De Saturne

- ***En positif :*** personnalité sérieuse, réfléchie, attentive.
- ***En négatif :*** personnalité bloquée, pessimiste.

### De Mars

- ***En positif :*** personnalité dynamique, courageuse, sportive, audacieuse, entreprenante.
- ***En négatif :*** personnalité impulsive, téméraire, coléreuse.

### De Vénus

*Le seul aspect est la conjonction.*

- ***En positif :*** la personnalité est artiste et aimable.
- ***En négatif :*** mollesse.

### De Mercure

*Tout comme avec Vénus il n'y a que des conjonctions.*

- ***En positif :*** la personnalité est cérébrale, intellectuelle, futée.
- ***En négatif :*** superficialité.

## La Lune recevant les aspects :

### De Pluton

- ***En positif :*** imagination féconde, émotivité en profondeur.
- ***En négatif :*** psychisme douloureux, problèmes de santé, et pour une femme de fécondité.

### D'Uranus

- ***En positif :*** popularité, voire célébrité.
- ***En négatif :*** nervosité, instabilité. Pour un homme, risque de divorce.

### De Neptune

- ***En positif :*** imagination mystique, médiumnité.
- ***En négatif :*** sentiments confus.

### De Jupiter

- ***En positif :*** popularité, psychisme épanoui, bonheur conjugal.
- ***En négatif :*** sentiments exagérés.

### De Saturne

- ***En positif :*** réserve dans les sentiments, pudeur.
- ***En négatif :*** frustration dans les sentiments, blocages psychiques. Problèmes de fécondité. Fatigue, morosité.

### De Mars

- ***En positif :*** rapidité de réaction émotionnelle. Réactions vives.
- ***En négatif :*** sensibilité exacerbée, voire blessée.

### De Vénus

- ***En positif :*** douceur et tendresse dans les sentiments. Nature affectueuse, aimante.
- ***En négatif :*** exagération des sentiments. Pour un homme, antinomic entre l'archétype de la maîtresse et celui de l'épouse.

### Du Soleil

- ***En positif :*** popularité éclatante. Psychisme harmonieux
- ***En négatif :*** problèmes entre le père et la mère. Problèmes psychologiques.

## D. Exemples de combinaisons multiples

Bien souvent une planète est reliée non pas à une, mais à plusieurs planètes. L'analyse va donc être un peu plus complexe, mais pas plus difficile..

### Prenons un exemple avec Mercure.

Mercure est la planète du mental, de l'écriture, des études, de la parole, de la communication.

### Supposons qu'il soit :

- D'une part opposé à Saturne,
- D'autre part en sextil à une conjonction Vénus-Pluton et en trigone au MC et à l'ASC, suivant la ***figure 1.***

### Comment l'analyser :

- Pluton donne de la puissance en profondeur à Mercure, cela nous donnera une pensée féconde et pénétrante.
- Vénus lui donne son art. Cela donnera une facilité d'expression au niveau de l'écriture et de la parole.
- Saturne est plus ambigu, il peut apporter de la réflexion à Mercure, l'esprit de recherche, de la patience, mais aussi des blocages, de l'angoisse et un côté pessimiste.

*Figure 1*

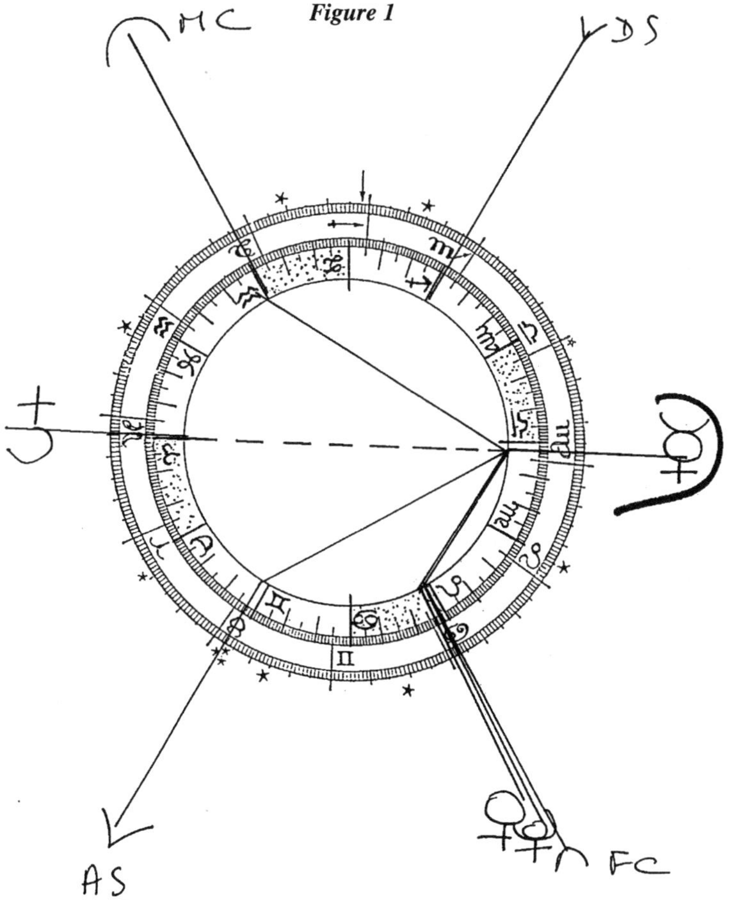


- Les trigones de Mercure au MC et à l'ASC donnent à Mercure un rôle clef dans le destin du natif..

## E. Dans quels domaines les forces en présence, symbolisées par les planètes, vont-elles se manifester ?

**Pour le comprendre, il faut penser que les planètes en aspect relient entre elles les maisons dans lesquelles elles se trouvent.**

**EXEMPLES :**

- Un Mars en VI, en carré à un Soleil en IX, pourra faire craindre des risques de blessures pour le père ou pour le sujet, s'il se trouve à l'étranger. D'un autre côté, le sujet sera particulièrement dynamique et capable de prendre des risques, et c'est la raison pour laquelle il pourra mettre sa vie en danger. Enfin, il y aura risque de surmenage, le sujet ne ménageant pas sa peine dans le travail.
- Un Jupiter au MC opposé à Vénus au FC pourra, dans un premier temps, poser un problème entre, d'une part la vie publique du sujet, sa réussite professionnelle, son ambition et, d'autre part, sa vie privée. Il appartiendra donc au sujet de bien choisir son partenaire amoureux, auquel cas la vie publique, le succès du sujet et sa vie privée s'épauleront l'un et l'autre.

## F. UNE PLANÈTE SANS ASPECT

Il arrive qu'une planète n'ait pas d'aspect du tout. Il convient alors de lui accorder une attention particulière. Son action sera, en général, importante.

Nous avons maintenant bien avancé dans le raisonnement astrologique. Nous allons pouvoir aller plus loin.

# Quatrième Partie

## *Interpréter*
## *Deuxième niveau*

# Leçon 11

# LES MAISONS ET LEURS MAÎTRES

## A. NOTIONS DE BASE

### 1) La maison et ses maîtres

Nous avons analysé les planètes en maisons et les planètes en signes. Nous avons vu que chaque signe est maîtrisé par une ou deux planètes. Ainsi le Soleil est maître du Lion, la Lune maîtresse du Cancer, Jupiter et Neptune sont maîtres des Poissons, etc.

***a) Lorsqu'une planète est maîtresse d'un signe, comme le signe est situé dans une maison, elle est aussi*** **maîtresse de la maison où se trouve ce signe.** ***On dit aussi qu'elle est*** **propriétaire de cette maison ou encore gouverneur de cette maison.** ***Ainsi dans le thème d'exemple, celui de Juliette, Vénus est le gouverneur de la maison I puisque le Taureau est dans cette maison.*** **Le gouverneur ou maître d'une maison est donc la planète maîtresse du signe qui se trouve dans cette maison.**

***b) D'autre part, il peut y avoir plusieurs planètes maîtresses d'une maison.***

- D'abord parce que un signe peut avoir deux maîtres *(Jupiter premier maître et Neptune deuxième maître des Poissons).*
- Ensuite, parce que il peut y avoir plus d'un signe dans une maison. On trouve en effet, très souvent, deux signes *(en partie)* dans une maison, voire même trois, la fin d'un premier signe, un signe entier et le début d'un troisième. On aura donc trois maîtres pour la maison à considérer plus, le cas échéant, les deuxièmes maîtres éventuels de chaque signe.

Chez Juliette, nous avons dans la maison I, en plus du Taureau, une partie du Bélier. Il y aura donc deux autres maîtres pour cette maison : Mars, premier maître du Bélier et Pluton, deuxième maître. En tout, trois : Vénus, Mars et Pluton.

Dans sa maison VIII, en plus de la moitié de Libra, nous avons une grande partie de Virgo. Le premier gouverneur est Vénus, puisque Vénus est maître de la Balance et le deuxième gouverneur est Mercure, puisque Mercure est maître de la Vierge. Comme Vénus est le seul maître de la Balance et Mercure le seul maître de la Vierge, il n'y a pas d'autre gouverneur pour cette maison.

Dans sa maison IX, nous avons une partie de Virgo, le Lion sidéral tout entier, plus une partie du Cancer. Nous aurons donc trois maîtres : Mercure, le Soleil et la Lune.

## 2) Une planète en domicile est son propre maître

Une planète en domicile est dans sa propre maison, elle est son propre maître.

**Exemple :** dans le thème de Juliette, Jupiter est en Sagittarius dans la maison V. Jupiter est maître de cette maison. Il est son propre maître.

### 3) Une planète, qui n'est pas en domicile, dépend de son maître qui est la planète maîtresse du signe (et donc de la maison) dans lequel elle se trouve

Une planète, qui n'est pas en domicile, se trouve locataire de la planète maîtresse du signe dans lequel elle se trouve. La planète propriétaire est maîtresse de la planète locataire. On dit que la planète locataire dépend de la planète maîtresse, elle dépend de son maître. Aussi, si l'on veut en savoir davantage sur une planète locataire, on ira regarder où est passée la planète maîtresse ou propriétaire. C'est elle que l'on devra consulter pour avoir le cours et la fin des événements.

Par exemple, dans le thème de Juliette, la Lune est en Capricornus. Comme elle dépend de Saturne, il faudra chercher où est Saturne et l'analyser en signe et en maison.

## B. Les différents cas de figure

### 1) La maison n'est pas occupée

Autrement dit, il n'y a pas de planète dans cette maison.

On regardera où se trouve son *(ou ses)* maître et on l'analysera suivant la signification des maîtres de maisons en maisons *(voir plus loin)*. Ainsi dans le thème de Juliette, le Taureau est dans la maison I et il n'y a pas de planète. Il faudra aller chercher Vénus. Vénus est au MC et nous l'analyserons suivant la signification du "Maître de la I au MC". Comme il y a aussi une petite partie du Bélier, on pourra faire de même avec Mars et Pluton.

### 2) La maison est occupée par son propre maître

La planète étant en domicile dans cette maison, il suffira d'analyser cette planète en domicile et en maison.

### 3) La maison est occupée par une planète locataire

C'est-à-dire par une planète qui n'est pas en domicile.

**Dans un premier temps,** on analysera la planète locataire en signe et en maison.

**Dans un deuxième temps,** on ira chercher la planète maîtresse de la maison et on l'analysera.

### 4) Dans le 1° et le 2° cas, deux cas à nouveau peuvent se présenter :

***a) Premier cas, la planète propriétaire est en domicile.***

Dans ce cas, l'analyse s'arrête à l'étude de la planète maîtresse en signe et en maison.

***b) Deuxième cas, la planète propriétaire de la maison n'est pas non plus en domicile.***

Dans ce cas, il faudra chercher le maître de la planète maîtresse et ainsi de suite; c'est ce que l'on appelle "l'enchaînement des planètes". On fera cette analyse suivant la signification de "l'enchaînement des planètes" que nous étudierons dans la leçon suivante.

## C. Signification des maitres de maisons en maisons

Nous vous donnons une liste des significations principales des maîtres de maisons en maisons, mais comme il s'agit d'une question de logique vous pouvez en trouver d'autres...

### 1) Maître de I en maisons

*Rappel : la maison I représente la personnalité, le tempérament du sujet.*

#### Maître de I en I

- Importance de la personnalité suivant la signification de la planète qui se trouve ainsi en domicile. La personnalité du sujet est fortement marquée par cette planète.

### MAÎTRE DE I EN II

- Le sujet recherche l'argent, le travail rénumérateur.

### MAÎTRE DE I EN III

- La personnalité du sujet se manifeste principalement au niveau du mental. Elle se manifeste également dans la communication, l'écriture, le commerce. Le natif s'intéresse aux échanges, à son environnement proche *(frère ou sœur, voisin).*

### MAÎTRE DE I AU MC

- Le sujet est ambitieux, il cherche à se hisser dans l'échelle sociale.

### MAÎTRE DE I EN V

- Le sujet se dirige vers la création, les plaisirs, la scène, les spectacles, les jeux, les enfants.

### MAÎTRE DE I EN VI

- Le sujet s'intéresse à son travail, aux questions de santé, au domaine médical.

### MAÎTRE DE I EN VII

- Le sujet se dirige vers les autres. Sa personnalité se manifeste dans les contacts. Contrats et associations joueront un rôle important dans sa destinée.

### MAITRE DE I EN VIII

- Le sujet s'intéresse à la mort, à l'occulte, à la sexualité, à l'argent des autres.

### MAITRE DE I EN IX

- Le sujet recherche les grands voyages, les pays lointains. Il s'intéresse à la philosophie, la métaphysique, la spiritualité. Il s'intéresse à l'enseignement, l'administration. Il peut s'épanouir aussi dans la fonction publique.

### Maître de I au FC (X)

- Le sujet s'intéresse au passé, à l'histoire, à ses origines, à celles de l'homme, aux civilisations disparues, à son foyer, sa maison. Il se préoccupe de son patrimoine. La dernière partie de la vie sera celle où il affirmera le plus sa personnalité.

### Maître de I en XI

- Le sujet s'intéresse à la communication, la publicité, la télévision, le cinéma. aux grands projets. Il accorde de l'importance aux relations mondaines et amicales, à la politique, au syndicalisme, aux organismes internationaux.

### Maître de I en XII

- Le sujet se réalise dans la solitude ou dans des endroits clos *(hôpitaux, couvents, cages des zoos, prisons)* ou cachés *(défense nationale, abris anti-atomiques).* Il peut tendre à la vie religieuse, se retirer pour méditer ou réfléchir, ou travailler dans un laboratoire.

## 2) Maître de II en maisons

*Rappel : la maison II représente les gains mais aussi les pertes. Cette maison se relie au travail rémunérateur, à la gestion financière. On trouve souvent des banquiers dans les thèmes qui comportent plusieurs planètes ou le Soleil dans cette maison.*

### Maître de II en I

- L'argent et le travail rémunérateur vont vers le sujet. Il n'a pas de difficultés pour trouver un travail rémunérateur.

### Maître de II en II

- Importance de cette maison. Cette position est favorable aux finances du sujet, au travail rémunérateur. Il peut y avoir travail dans un domaine en rapport avec les finances *(banque, bourse).*

### Maître de II en III

- Le travail rémunérateur s'exerce dans le domaine de la communication, du commerce, de l'écriture. L'argent peut aussi se dépenser pour communiquer ou pour étudier.

### Maître de II au MC

- Le travail peut s'exercer dans une profession publique. Le succès, les honneurs viennent du travail, de l'argent gagné.

### Maître de II en V

- Le travail s'exerce dans une création artistique ou littéraire, le spectacle, ou le domaine des enfants. L'argent est dépensé pour les plaisirs, les créations ou les enfants.

### Maître de II en VI

- L'argent est mis au service de la santé, du travail. Il est utilisé pour soigner les maladies, pour payer les serviteurs, entretenir des animaux domestiques. Apport financier pour faire marcher une affaire. Le travail rapporte.

### Maître de II en VII

- Argent gagné dans un métier de contact. Mouvements d'argent dans les associations, les procès.

### Maître de II en VIII

- Argent gagné dans un métier en rapport avec les finances, les assurances, l'occultisme, la médecine, les métiers en rapport avec la mort. Argent mis au service de l'occulte, des placements financiers, de la bourse.

### Maître de II en IX

- Argent gagné à l'étranger, dans la fonction publique, l'enseignement. Argent dépensé pour les voyages, la recherche spirituelle, pour aider le père.

### Maître de II au FC

- Argent gagné dans l'immobilier, la décoration, la généalogie, la paléontologie.

  Argent gagné et dépensé dans la dernière partie de la vie.

### Maître de II en XI

- Argent gagné dans la politique, la publicité, la communication, le cinéma, la télévision, les organismes internationaux. Argent mis au service des relations mondaines, des projets.

### Maître de II en XII

- Argent gagné dans les hôpitaux, les lieux clos.

  Argent dépensé pour les retraites, les séjours à l'hôpital.

## 3) Maître de III en maisons

*Rappel : La maison III représente les petits déplacements, le mental, les études, le commerce, les frères et sœurs.*

### Maître de III en I

- L'intelligence au service de la personnalité du natif. Importance du mental dans la vie du sujet.

  Un frère ou une sœur va vers le sujet *(il se préoccupe de lui, lui téléphone, lui écrit, lui rend visite, etc).*

### Maître de III en II

- Le mental s'exerce surtout dans le domaine du travail rémunérateur et des finances. Un frère ou une sœur participe au travail du sujet.

### Maître de III en III

- Importance de cette maison. La vie intellectuelle ou mentale du sujet tient une grande place dans sa vie.

### Maître de III en IV (MC)

- L'intelligence est mise au service de la réussite socio-professionnelle, de la vie publique. Un frère ou une sœur atteint la notoriété.

### Maître de III en V

- Esprit tourné vers les plaisirs, les jeux, la création littéraire ou artistique. Un frère ou une sœur peut être dans le spectacle ou participer aux distractions du sujet..

### Maître de III en VI

- Esprit tourné vers le travail, la santé. Commerce dans le domaine du médical.

### Maître de III en VII

- Esprit tourné vers les autres.

### Maître de III en VIII

- Esprit tourné vers l'occulte, les finances, la mort, la biologie. Un frère ou une sœur joue un rôle dans les héritages du sujet.

### Maître de III en IX

- Esprit tourné vers les grands voyages, la spiritualité, la métaphysique, l'enseignement, la loi, les langues étrangères. Commerce à l'étranger, déplacements à l'étranger. Un frère ou une sœur à l'étranger.

### Maître de III en X (FC)

- Esprit tourné vers le foyer, la maison, l'immobilier, le passé, les ancêtres la généalogie.

Le mental se manifeste particulièrement dans la dernière partie de la vie. Un frère ou une sœur vit sous le même toit que le sujet.

#### MAÎTRE DE III EN XI

- Esprit tourné vers les projets, les rêves, la communication, les relations mondaines, les groupes. Petits déplacements dans l'exercice de la politique, des projets.

#### MAÎTRE DE III EN XII

- Esprit tourné vers la solitude, la méditation, la recherche intérieure, les lieux clos.

### 4) Maître du MC en maisons

*Rappel : le MC représente le destin, la réussite socio-professionnelle, la vie publique, la mère du sujet.*

#### MAÎTRE DU MC EN I

- La réussite va vers le sujet. Il peut être célèbre sans l'avoir cherché. La mère du sujet va vers lui, s'intéresse à lui.

#### MAÎTRE DU MC EN II

- Le destin se manifeste dans le domaine du travail, ou des finances. La mère jouera un rôle dans les finances ou le travail du sujet.

#### MAÎTRE DU MC EN III

- Le destin se réalise dans le domaine du mental, des études, de l'écriture, du commerce. La mère peut intervenir dans ce domaine.

#### MAÎTRE DU MC AU MC

- Le destin se réalise dans le succès, la notoriété, la vie publique. La mère joue un rôle dans le destin du sujet. Elle peut elle-même avoir une vie publique.

#### MAÎTRE DU MC EN V

- Le destin se réalise dans le domaine de la création artistique ou littéraire dans les plaisirs, les enfants. Succès dans le spectacle.

### Maître du MC en VI

- Le destin se réalise dans le travail, le service, le domaine médical. Succès dans ce domaine. La mère joue un rôle dans le travail du natif.

### Maître du MC en VII

- Le destin se réalise dans les contacts avec les autres, les associations, les mariages. Situation dans un métier de contact ou qui demande un public. La mère joue un rôle dans les rapports du natif avec les autres.

### Maître du MC en VIII

- Le destin se réalise dans le domaine des finances, de l'occulte, de la biologie. Honneurs publiques dans la mort. La mère intervient dans les héritages du natif ou ses affaires financières.

### Maître du MC en IX

- Le destin se réalise à l'étranger, dans l'enseignement, la magistrature, la fonction publique, la spiritualité. Succès, honneurs à l'étranger. Mère à l'étranger.

### Maître du MC au FC (X)

- Réussite, honneurs dans la dernière partie de la vie. Le destin se réalise dans le cadre du foyer, ou dans l'immobilier. La mère du sujet peut habiter sous le même toit.

### Maître du MC en XI

- Le destin se réalise dans les projets, la communication, la politique, le cinéma, la télévision, l'informatique. Succès parmi les amis du sujet. La mère est intégrée dans ses projets et amis.

### Maître du MC en XII

- Le destin se réalise dans les lieux clos, hôpitaux, laboratoires, lieux secrets, retraites, ou encore dans les épreuves. La mère du natif peut se trouver à l'hôpital.

### 5) Maître de la V en maisons

*Rappel : la maison V représente les jeux, les violons d'Ingres, la créativité, les spectacles, les passions, les plaisirs, les enfants.*

#### Maître de V en I

- La créativité, les plaisirs, les enfants vont vers le sujet.

#### Maître de V en II

- La créativité du sujet, ses plaisirs se manifestent dans le secteur du travail rémunérateur ou dans celui des finances pures. Les enfants participent aux finances du sujet.

#### Maître de V en III

- La créativité du sujet se manifeste dans son entourage immédiat, au cours de ses petits déplacements, dans les études ou l'écriture ou encore le commerce.

  Plaisirs dans les déplacements. Le sujet aime téléphoner, utiliser le minitel, le fax.

#### Maître de V au MC

- Les œuvres du sujet passent dans le domaine public, contribuent à son succès.

  Un enfant peut atteindre la notoriété, ou participer à la réussite du sujet.

#### Maître de V en V

- Importance de cette maison, importance de la création, du spectacle, des enfants.

#### Maître de V en VI

- La créativité du sujet se manifeste dans le travail quotidien, dans le domaine médical.

  Un enfant peut participer au travail du sujet ou être dans la médecine.

### MAÎTRE DE V EN VII

- La créativité du sujet se manifeste à travers ses contacts, dans le cadre d'une association ou par rapport à un public ou une clientèle. Il éprouve du plaisir à se trouver avec ses semblables.

### MAÎTRE DE V EN VIII

- La créativité du sujet se manifeste dans le domaine de l'occulte, du mystère, de la biologie, de la sexualité, ou des finances. Le sujet éprouve du plaisir dans l'un de ces domaines.

### MAÎTRE DE V EN IX

- La créativité du sujet se manifeste à l'étranger, à l'occasion de voyages lointains, dans l'enseignement, dans la recherche spirituelle ou métaphysique. Il aime voyager, étudier la philosophie, les traditions étrangères. Un enfant, ou un amant peut se trouver à l'étranger.

### MAÎTRE DE V AU FC

- La créativité du sujet se manifeste chez lui, dans son foyer, dans la recherche du passé, de l'histoire. Elle se manifestera avec une grande intensité dans la dernière partie de sa vie. Il est heureux d'être chez lui.

### MAÎTRE DE V EN XI

- La créativité du sujet se manifeste lors de l'élaboration de ses projets, dans le secteur de la communication, de la publicité, du cinéma, parmi ses relations, ses amis. Il éprouve du plaisir à être parmi ses amis, à faire des projets. Un enfant peut s'intégrer dans les projets du sujet.

### MAÎTRE DE V EN XII

- La créativité du sujet se manifeste dans les lieux clos ou cachés, dans les hôpitaux, les laboratoires, ou encore au sein d'une activité secrète. Ses amours peuvent être cachées. Ou encore grossesse ou liaison cachée.

## 6) Maître de VI en maisons

*Rappel : la maison VI représente le travail et les corvées quotidiennes, la santé, le conjoint, les petits animaux domestiques.*

### Maître de VI en I

- Le sujet trouve facilement du travail. Influence importante du travail ou de la santé sur le sujet.

### Maître de VI en II

- Le travail du natif est essentiellement rémunérateur. Le conjoint s'intègre dans la vie financière du sujet.

### Maître de VI en III

- Le travail quotidien du natif s'exerce dans le domaine du mental *(travail intellectuel, études)*, ou du commerce. Travail *(ou maladie)* pendant des déplacements. Le conjoint participe aux études du sujet, possède une influence sur son mental. La santé préoccupe le sujet.

### Maître de VI au MC

- Le travail du sujet s'exerce dans la vie publique. La notoriété vient du travail.
  Le conjoint peut être célèbre, ou tout au moins avoir une vie publique.

### Maître de VI en V

- Le travail s'effectue dans le domaine de la créativité, du spectacle. Le conjoint participe aux jeux du sujet.

### Maître de VI en VI

- Importance de ce domaine le travail, la santé prennent une grande place dans la vie du sujet. Les petits animaux domestiques peuvent également avoir une importance dans sa vie.

### Maître de VI en VII

- Le travail quotidien du sujet s'exerce dans les rapports avec les autres. Métier de contact. Le sujet peut avoir une clientèle ou un public, ou encore travailler en association.

### Maître de VI en VIII

- Le travail quotidien du sujet s'effectue dans le domaine de l'occulte, des assurances, de la biologie, du secret *(juge d'instruction, détective).*

### Maître de VI en IX

- Le travail quotidien du sujet s'effectue à l'étranger, au cours de voyages lointains, dans l'enseignement, le fonctionnariat. Maladie à l'étranger ou en voyage. Conjoint à l'étranger.

### Maître de VI au FC

- Le travail quotidien s'effectue à la maison. Importance du travail dans la dernière partie de la vie. Le travail a un rapport avec le passé *(l'histoire, la paléontologie, l'archéologie),* ou avec l'immobilier. Un animal de compagnie au foyer, ou dans la dernière partie de la vie.

### Maître de VI en XI

- Le travail quotidien s'exerce dans le domaine de la communication, de la publicité, de la TV, du cinéma, de la politique, dans le domaine relationnel, au sein d'organismes internationaux, dans une équipe. Le conjoint est trouvé parmi les relations amicales.

### Maître de VI en XII

- Le travail quotidien s'exerce dans la solitude, les lieux clos ou secrets. Exercice de la médecine dans les hôpitaux. Les maladies deviennent chroniques ou nécessitent une hospitalisation. Conjoint à l'hôpital.

**NOUS SOMMES MAINTENANT À MI-CHEMIN DE L'ÉTUDE DES MAÎTRES DE MAISONS EN MAISONS. VOUS DEVEZ VOUS ENTRAÎNER À AFFÛTER VOTRE RAISONNEMENT, EN COMPLÉTANT CETTE LISTE.**

**TÂCHEZ MAINTENANT, POUR LA DEUXIÈME PARTIE DES MAÎTRES DE MAISONS EN MAISONS, DE TROUVER PAR VOUS-MÊME LES SIGNIFICATIONS DES MAÎTRES DE MAISONS EN MAISONS, PUIS REPORTEZ-VOUS À NOS INDICATIONS POUR VÉRIFIER LA JUSTESSE DE VOTRE RAISONNEMENT...**

## 7) Maître de VII en maisons

*Rappel : la maison VII représente les rapports du sujet avec les autres, les associations, les mariages, les ennemis déclarés.*

### MAÎTRE DE VII EN I

- Les autres viennent au devant du sujet, sans que celui-ci les recherche. Importance des autres qui tendent à se mêler de la vie du sujet.

### MAÎTRE DE VII EN II

- Associations, mariages, contacts, public ou clientèle jouent un rôle dans le domaine financier du sujet. Apport d'argent par mariage ou association. Procès financiers.

### MAÎTRE DE VII EN III

- Contrats d'édition, de commerce. Le mental du natif est influencé par ses rapports avec les autres.

### MAÎTRE DE VII AU MC

- La réussite socio-professionnelle vient du mariage, d'un public ou d'une clientèle. Les mariages ou les divorces du sujet passent sur la place publique.

### Maître de VII en V

- Les contacts se nouent dans le domaine de la créativité, du spectacle, des plaisirs, des enfants. Mariage d'amour.

### Maître de VII en VI

- Les contacts avec les autres se font essentiellement dans le cadre du travail ou de la santé. Procès dans le cadre du travail ou avec un employé.

### Maître de VII en VIII

- Les contacts avec les autres se nouent dans le domaine de l'occulte, de la biologie, du secret.
  Associations financières. Procès dans les héritages. Mariage post mortem.

### Maître de VII en IX

- Les contacts avec les autres se nouent essentiellement à l'étranger, au cours de voyages lointains, dans l'enseignement, la fonction publique, la loi, dans le cadre de la recherche spirituelle.

### Maître de VII au FC

- Les échanges se font essentiellement au foyer du sujet. Ce sont les gens qui vont voir le sujet, chez lui. Associations au domicile du sujet.
  Les contacts s'intensifient durant la dernière partie de la vie. Mariages ou associations durant la dernière partie de la vie. Clientèle ou public en fin de vie.

### Maître de VII en XI

- Echanges et contacts au sein des relations du sujet, dans le domaine de l'informatique, de la publicité, du cinéma ou de la télévision, dans la politique ou au sein d'un groupe. Contacts et échanges se font dans le cadre des projets. Associations avec des amis.

### Maître de VII en XII

- Echanges et contacts se font principalement dans les lieux clos ou secrets *(Secret Défense, sociétés secrètes, monastères, etc).* Les ennemis déclarés du sujet agissent dans l'ombre. Mariage ou association se font dans le secret.

## 8) Maître de VIII en maisons

*Rappel : la maison VIII représente la mort, la sexualité, l'argent des autres (crédits, financements, argent du conjoint ou des associés, héritages), le domaine de l'occulte, de la biologie, des profondeurs de l'âme (psychanalyse), du décryptage.*

### Maître de VIII en I

- Sexualité importante, possibilité d'héritage. Capitaux par mariage ou association. Importance de l'occulte. La mort est sur le sujet *(obsession de la mort, ou deuils).* Métamorphose ou mort initiatique.

### Maître de VIII en II

- Héritage, mort qui accroîssent ou bouleversent la fortune. L'occulte ou les assurances ou la biologie ou le décryptage interviennent dans le travail rémunérateur du sujet. Le sujet obtient de l'argent pour son travail.

### Maître de VIII en III

- La mort, l'occultisme ou le décryptage peuvent être des sujets d'étude, pour le sujet. Héritage dans l'entourage du sujet.

### Maître de VIII au MC

- Le succès, la notoriété, la réussite professionnelle viennent d'un héritage, d'un gain au loto, de la médecine, ou de l'occultisme. Mort du sujet dans l'exercice d'une fonction publique. Sexualité du sujet portée sur la place publique.

### Maître de VIII en V

- L'occulte ou le thème de la mort s'intègre dans le domaine créatif, dans l'œuvre du sujet. L'ésotérisme comme violon d'Ingres.
  Un héritage au service de l'œuvre créatrice du sujet *(il peut recevoir de l'argent pour créer une fondation, créer une œuvre ou construire un théatre, monter un show).* Mort pendant les plaisirs.

### Maître de VIII en VI

- Capitaux, héritage, ou argent du conjoint utilisés dans le travail du sujet ou pour sa santé.
  L'occulte, la sexualité, ou les assurances s'intègrent dans le travail du sujet.

### Maître de VIII en VII

- Argent d'un héritage ou d'un prêt mis dans les contrats d'association ou de mariage. Argent du conjoint placé dans une association, utilisé dans les rapports avec autrui. L'occultisme ou la sexualité joue un rôle dans les rapports avec les autres.

### Maître de VIII en VIII

- Importance de cette maison dont le maître est en domicile. Intérêt pour la mort, l'occultisme ou la sexualité.

### Maître de VIII en IX

- Argent d'un conjoint ou d'un associé au service des voyages, d'un enseignement reçu ou donné. Héritage à l'étranger. Mort ou initiation à l'étranger. Occultisme au service de l'enseignement, de la spiritualité.

  La mort guette le père *(par exemple, le père peut se trouver fréquemment en danger de mort en raison de son métier ou à cause de sa santé).*

### Maître de VIII au FC

- Héritage dans la dernière partie de la vie. Financement placé dans l'immobilier ou utilisé pour l'aménagement du foyer, pour une recherche historique ou généalogique. L'occultisme ou la sexualité prend de l'importance dans la dernière partie de la vie. Le sujet meurt chez lui.

### Maître de VIII en XI

- Mort parmi les amis. Héritages ou prêts bancaires s'intègrent dans les projets. L'occultisme ou la sexualité utilisé dans le domaine du cinéma, de la télévision, de la publicité. Rêves de mort.

### Maître de VIII en XII

- Mort à l'hôpital ou dans un lieu clos ou secret. Héritage secret. Pratique de l'occultisme ou de la sexualité dans le secret.

## 9) Maître de IX en maisons

*Rappel : la maison IX représente l'idéal philosophique, la spiritualité, l'étranger, les grands voyages, l'enseignement, la loi, l'administration, le père.*

### Maître de IX en I

- Voyages, facilités pour les voyages. Dons pour l'enseignement, la métaphysique la spiritualité, la loi. Le père s'intéresse au sujet.

### Maître de IX en II

- L'étranger, le père intervient dans le domaine financier du sujet.

### Maître de IX en III

- L'imagination, la spiritualité, l'étranger se manifestent dans le mental du sujet, dans ses écrits ou interviennent dans ses activités commerciales. Le père fait partie de l'entourage du sujet.

### Maître de IX en IV

- Le succès vient de l'étranger, de l'enseignement, de la spiritualité. Le père peut exercer une fonction publique ou être connu.

### Maître de IX en V

- L'étranger, l'enseignement s'intègrent dans le domaine de la créativité, l'influencent, le stimulent. Les plaisirs viennent des voyages. Le père participe aux jeux du sujet.

### Maître de IX en VI

- L'enseignement, l'administration s'intègrent dans le travail quotidien du sujet. Le conjoint vient de l'étranger. Le père peut intervenir dans le travail ou la santé du sujet.

### Maître de IX en VII

- Les associations ou les contrats viennent de l'étranger. Rôle de l'étranger dans les contacts du natif. La loi ou le père peuvent aider ou contrer le sujet.

### Maître de IX en VIII

- La mort, les héritages viennent de l'étranger, du père, de la loi. La spiritualité se relie à l'occultisme. Enseignement dans le domaine de l'ésotérisme, de la sexualité.

### Maître de IX en IX

- Importance de cette maison dont le maître est en domicile. Le père, l'étranger, la spiritualité, l'enseignement comptent beaucoup dans la vie du sujet.

### Maître de IX au FC

- Un étranger au foyer. Le père vit sous le toit du sujet. Importance du père dans l'hérédité. Enseignement, spiritualité au foyer ou en fin de vie. Voyages lointains dans la dernière partie de la vie.

### Maître de IX en XI

- L'étranger, les voyages, le père s'intègrent dans les projets. Projets ou amis viennent de l'étranger. Grands voyages à l'origine de nouveaux projets.

### Maître de IX en XII

- Epreuves, retraites, solitude influencées par les voyages, le père, la spiritualité. Père à l'hôpital, en prison ou caché. Enseignement dans les lieux clos ou secrets.

## 10) Maître du FC en maisons

*Rappel : le FC représente les racines, l'hérédité, le passé, la dernière partie de la vie, le foyer, la maison, l'immobilier.*

### Maître du FC en I

- L'hérédité, le foyer, marquent le sujet. Le sujet a des facilités pour avoir une maison, un foyer.

### Maître du FC en II

- Le travail rémunérateur est héréditaire. L'argent gagné vient de l'immobilier, de l'histoire.

### Maître du FC en III

- L'hérédité du sujet, son foyer influencent son mental. L'immobilier intervient dans ses affaires commerciales. Dernière partie de la vie dans le commerce, chez un frère ou une sœur. Le mental du sujet est préoccupé par sa fin de vie, son logement.

### Maître du FC au MC

- Le succès, le destin du sujet sont fortement influencés par son hérédité, son foyer. Fin de vie dans le succès ou la notoriété. La vie privée du sujet étalée sur la place publique.

### Maître du FC en V

- Créativité héréditaire. Les plaisirs viennent du foyer, de la maison, de l'histoire. Fin de vie dans la créativité, les plaisirs, chez un enfant.

### Maître du FC en VI

- Travail ou santé héréditaire. Fin de vie dans le travail, ou au service des autres. L'immobilier, l'histoire jouent un rôle dans le travail du natif.

### Maître du FC en VII

- Son passé, ses origines se font sentir dans les rapports du sujet avec les autres. Il passe la dernière partie de sa vie avec une clientèle ou un public. L'immobilier joue un rôle dans ses contrats de mariage ou associations.

### Maître du FC en VIII

- Patrimoine en héritage.

### Maître du FC en IX

- Patrimoine immobilier à l'étranger. Foyer, ou fin de vie à l'étranger.

### Maître du FC au FC

- Importance de cette maison dont le maître est en domicile. L'hérédité du sujet, son foyer, sa maison comptent beaucoup. Intérêt pour l'histoire, le passé.

### Maître du FC en XI

- Dernière partie de la vie dans la politique, les organismes internationaux. Fin de vie passée au milieu d'amis.

### Maître du FC en XII

- Le sujet réside dans un lieu clos ou secret. Dernière partie de la vie passée dans un hôpital, une maison de retraite, une prison, un monastère, un lieu caché.

## 11) Maître de XI en maisons

*Rappel : la maison XI représente les projets, les amis, le domaine de la politique, de l'informatique, de la communication, des medias, des organismes internationaux.*

### Maître de XI en I

- Protections, appuis viennent au devant du sujet. Les amis viennent à lui. Il déborde de projets, on lui en soumet.

### Maître de XI en II

- Le travail rémunérateur, l'argent proviennent des amis, des relations, des appuis, du domaine de l'informatique, de la publicité. Les projets se réalisent dans le travail, le domaine financier.

### Maître de XI en III

- Ses amis sont dans le voisinage du sujet. Espoirs mis dans l'écriture, les études, le commerce, un frère ou une sœur. Relations ou projets se forment au cours de petits déplacements, au cours de conversations téléphoniques ou d'échanges par minitel ou fax.

### Maître de XI au MC

- Le succès est favorisé par les relations, les amis, la politique. Il provient du domaine du cinéma, de la télévision. La publicité, les médias conduisent le natif à la notoriété. Des amis du sujet sont dans la vie publique.

### Maître de XI en V

- Projets dans le domaine du spectacle ou de la création. Amis ou relations dans le domaine du show.

### Maître de XI en VI

- Projets dans le travail ou le domaine médical.
Les amitiés et les relations se nouent dans le cadre du travail.

### Maître de XI en VII

- Projets et amis dans le domaine des associations, parmi un public ou une clientèle.

### Maître de XI en VIII

- Projets et amis dans l'occultisme.

### Maître de XI en IX

- Projets à l'étranger, espoirs formés au cours d'un voyage. Amis à l'étranger ou dans l'enseignement. Projets dans le secteur de l'enseignement, de la spiritualité.

### Maître de XI au FC

- Projets dans le secteur de l'immobilier, de l'histoire. Amis vivant chez le sujet. Amitiés et projets dans la dernière partie de la vie.

### Maître de XI en XI

- Importance de cette maison, dont le maître est en domicile. Faire des projets, avoir des amis est important pour le sujet, qui s'intéresse aux domaines indiqués par cette maison.

### Maître de XI en XII

- Projets secrets. Amitiés nouées dans des lieux clos ou secrets. Projets élaborés dans des laboratoires, des hôpitaux.

## 12) Maître de XII en maisons

*Rappel : la maison XII représente les épreuves, les ennemis cachés, les maladies chroniques, ce qui est secret ou caché, les lieux clos ou secrets, la vie intérieure.*

### Maître de XII en I

- Epreuves sur le sujet. Un secret le concerne. La vie intérieure ou le secret s'impose à lui.

### Maître de XII en II

- Epreuve dans la vie financière ou ennemis cachés. Secret dans ce domaine.

### Maître de XII en III

- Epreuve parmi les frères et les sœurs ou dans l'entourage. La vie intérieure ou le goût du secret s'intègre dans le mental du sujet. Un lieu clos dans le voisinage.

### Maître de XII au MC

- Les épreuves du sujet passent dans le domaine public. La vie intérieure du sujet ou un secret qui lui appartient est divulgué. Epreuve dans la situation. Un secret ou une épreuve atteint la mère du sujet.

### Maître de XII en V

- Un secret dans la vie créative ou la vie amoureuse du sujet. Un secret pèse sur un enfant. La vie intérieure intervient dans la création du sujet.

### Maître de XII en VI

- Une épreuve dans la santé ou le travail du sujet. Des ennemis agissent secrètement dans le travail du sujet. La vie intérieure intervient dans ce domaine.

### Maître de XII en VII

- Une épreuve ou un secret intervient dans le mariage du sujet. Des ennemis cachés se trouvent parmi sa clientèle ou son public. Epreuve dans ses rapports avec les autres. Sa vie intérieure intervient dans ses contacts.

### Maître de XII en VIII

- Epreuve dans le domaine financier, dans le domaine des héritages ou de l'argent du conjoint. Des ennemis inconnus interviennent dans un héritage ou dans la mort du sujet.

### Maître de XII en IX

- Epreuve à l'étranger ou au cours d'un voyage. Retraite religieuse ou spirituelle à l'étranger. Un secret concerne le père. Une épreuve intervient dans le domaine de l'enseignement ou de la vie spirituelle du sujet.

### Maître de XII au FC

- Une épreuve au foyer ou dans la dernière partie de la vie. Vie intérieure importante en fin de vie. Un secret concerne le foyer, le passé, l'hérédité du sujet.

### Maître de XII en XI

- Epreuve dans les projets. Epreuve parmi les amis. La vie intérieure intervient dans les projets du sujet ou dans ses relations.

### Maître de XII en XII

- Importance de cette maison dont le maître est en domicile. Importance de la vie intérieure. Goût du secret ou de la solitude.

# Leçon 12

# L'ENCHAINEMENT DES PLANÈTES JOUONS !

Il s'agit là de développer le cas de figure "b" abordé à la fin du paragraphe B de la leçon précédente.

**CE CAS DE FIGURE EST LE SUIVANT :**

La planète propriétaire de la maison que l'on analyse *(qu'elle soit occupée ou non)* n'est pas en domicile. Il faut donc aller chercher le propriétaire de cette planète. Or, ce propriétaire peut très bien à son tour ne pas être en domicile. Il faudra donc courir chercher son propriétaire et ainsi de suite, jusqu'à ce qu'on arrive à une planète en domicile. C'est ce que l'on appelle l'enchaînement des planètes. Tout cela a l'air fort compliqué, mais en réalité, vous allez le voir avec l'exemple; c'est la partie la plus amusante, la plus excitante du raisonnement astrologique. Reprenons donc le thème de notre amie Juliette.

## A. Partons de Vénus (*Figure 1 ci-contre*)

Vénus est le premier maître de la maison I.

Elle se trouve en Capricorne sidéral et au MC.

### 1) Première analyse : signification de la planète en maison, en signe et en aspect

- **Vénus est au MC :** le destin se relie à la vie artistique. Le charme de Juliette a une influence sur son destin.
- **Vénus est en Capricorne :** sidéral. Son charme est retenu, contrôlé; il en sera de même de son expression artistique.
- **Vénus est conjoint à Lune.** Il y a alliance entre l'imagination et l'inspiration artistique.
- **Vénus reçoit un carré de Saturne.** Saturne va lui poser des problèmes. Or, il est en VII. Les rapports, pas toujours faciles, de Juliette avec les autres peuvent compromettre sa réussite.

### 2) Deuxième analyse : l'enchaînement des planètes

- **Vénus est maître de l'AS : maître de I au MC :** Juliette est une ambitieuse.
- **Vénus, étant en Capricorne, dépend de Saturne, propriétaire du MC.**
- **Or, Saturne nous l'avons vu, est en VII et fait un carré à Vénus.**

La réussite de Juliette dépend donc étroitement de ses rapports avec les autres. Saturne, maître du MC en VII, signifie que le destin se réalise dans un métier de contact, un métier qui demande peut-être même un public, *(d'autant qu'il y a d'autres planètes en VII).* Or, manque de chance, Saturne fait un carré à Vénus. Il se relie à elle de façon intense mais difficile.

*Figure 1*

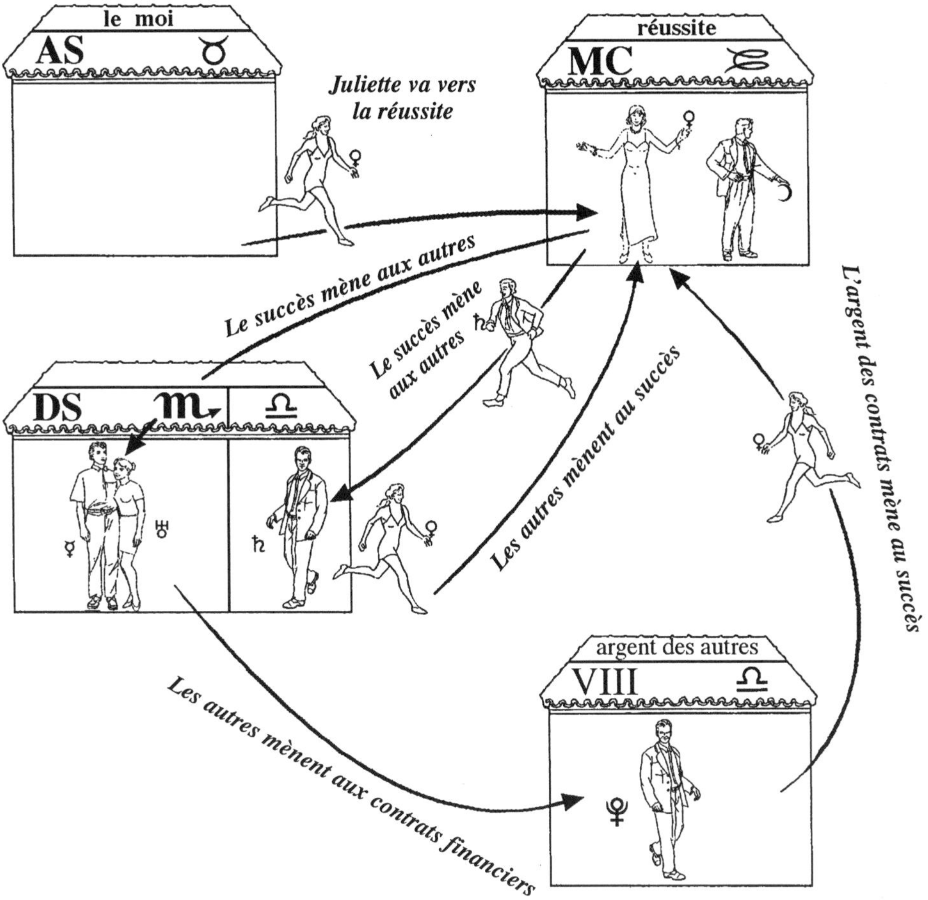
le moi
AS ♉
réussite
MC ♋
Juliette va vers
la réussite
Le succès mène aux autres
Le succès mène
aux autres
DS ♏ ♎
Les autres mènent au succès
L'argent des contrats mène au succès
argent des autres
VIII ♎
Les autres mènent aux contrats financiers

- **Saturne n'est pas non plus en domicile : il est en Balance sidérale. De qui dépend-il ? De Vénus qui elle-même dépend de Saturne... qui dépend de Vénus qui dépend de Saturne... Nous ne pouvons aller au-delà...**

**Nous avons donc un enchaînement intéressant qui ne débouche pas sur une planète en domicile mais sur deux planètes, étroitement dépendantes l'une de l'autre** et très puissantes puisque, d'une part, toutes les deux sont angulaires et que, d'autre part, elles maîtrisent toutes les deux une maison importante : l'une étant le maître de l'AS, l'autre du MC.

Autrement dit, le destin de Juliette dépend de son désir de réussir, de son charme, d'une vie probablement artistique, des contacts qu'elle va nouer.

Elle sera attirée par des gens sérieux ou elle les attirera. Ses contacts ne seront pas toujours aisés et des personnes âgées *(sens de Saturne)* pourront lui porter ombrage.

## B. Partons de la Lune

Avec la Lune, cela va être un peu plus compliqué. Nous ne suivrons pas forcément le même plan, ce qui montre que l'on peut raisonner de diverses façons.

Elle est au MC en Capricorne sidéral.

Elle est maître du FC et de la fin de la IX.

Elle est en sextil avec la conjonction Mercure-Uranus en VII.

### 1) Première analyse

- **Placée au MC,** elle indique une forte présomption de popularité, de succès, de vie publique.
- **En Capricorne** elle est en exil, aussi le succès peut-il mettre un certain temps à se manifester. *(Le Capricorne est un signe de lenteur).*

- **Elle vient du FC** *(l'hérédité, la dernière partie de la vie).* Juliette sera populaire dans la dernière partie de sa vie. Ce qui accroît les risques de retard pour le succès. D'un autre côté, une hérédité imaginative ou poète peut l'amener au succès.

### 2) Deuxième analyse

- La Lune en Capricorne tout comme Vénus dépend de Saturne, qui en VII représente les contrats sérieux avec des gens sérieux, lesquels contrats dépendent de Vénus, c'est-à-dire des dons artistiques et du charme de Juliette.

Notons que la Lune, contrairement à Vénus, même si elle dépend également de Saturne, n'est pas en mauvais aspect avec cette planète...

### 3) Troisième analyse

- **La Lune est en sextil à la conjonction Mercure-Uranus qui se trouve en VII.**

Mercure et Uranus lui donnent un fort appui, et accélèrent l'arrivée du succès, d'autant que ces deux planètes, plus proches du DS que Saturne, sont plus puissantes que lui. Les rapports de Juliette avec les autres peuvent donc aussi être excellents, notamment avec des gens jeunes et originaux *(jeunes Mercure, originaux Uranus)* qui peuvent lui fournir un excellent public.

Pour avoir plus de détails sur le rôle de Mercure et d'Uranus, nous allons regarder **d'où viennent ces planètes. (Les planètes viennent des maisons qu'elles maîtrisent).**

- Uranus vient de la III *(Verseau en III).*
- Mercure vient de la VIII; de la IX *(Vierge en VIII et en IX),* de la XI *(Gémeaux en XI)* et de la XII *(Gémeaux en XII).*

Voyons ce que cela nous donne au niveau de l'interprétation.

### URANUS

- **Maître de III en VII :** l'entourage de Juliette, son sens de la communication, sa capacité à donner de ses nouvelles par téléphone ou autre se manifestent dans ses rapports avec les autres et lui octroient un public. Elle peut aussi être aidée par un frère ou une sœur.

### MERCURE

- **Vient de la VIII :** l'argent de son mari, par exemple, peut très bien avoir un rôle à jouer dans ses rapports avec les autres. L'argent ça aide.
- **Vient aussi de la IX :** le père ou l'étranger. Le père peut jouer un rôle dans ses rapports avec le public ou bien un public étranger permet à Juliette de réussir.
- **Vient aussi de la XI :** les amis et relations de Juliette aident à leur tour à son succès.
- **Vient enfin aussi de la XII :** des éléments cachés peuvent également intervenir.

## 4) QUATRIÈME ANALYSE

Oui, mais voilà !

- **Uranus et Mercure ne sont pas en domicile. Ils sont en Scorpion sidéral et dépendent donc de Pluton.**
- **Or Pluton est en VIII,** la maison de l'argent, des contrats. Il annonce de grosses sommes d'argent par contrat ou mariage, d'autant qu'il est fort bien relié au Soleil, en VI, secteur du travail, et à Neptune également dans ce secteur et enfin à Mars qui se trouve dans un secteur de communication et du commerce. On peut donc supposer que, grâce à l'argent engagé dans les contrats de Juliette, les affaires vont s'arranger.
- Mais Pluton n'est pas en domicile. Tout comme Saturne, il est en Balance sidérale et dépend donc de Vénus. L'argent des

contrats est donc fonction du succès artistique de Juliette et, comme Vénus dépend de Saturne, le succès dépend à son tour des contrats. Nous sommes en présence d'un cercle vicieux. Juliette a intérêt à miser sur son charme pour s'en sortir.

**Arrêtons-nous un instant pour souffler. Nous pouvons remarquer que nous pouvons raisonner de deux façons. Soit dans le sens "signification du maître de maison en maison". Soit dans le sens signification "d'où vient la planète en maison". On suit son inspiration, et on agit selon les besoins de l'interprétation.**

**Reprenons :**

## C. Partons de Mars

Il est en III en Aquarius. Il est en sextil à la conjonction Soleil-Neptune, en trigone à Pluton et en carré à Saturne. Il est deuxième maître de la I *(début du Bélier en I),* premier maître de la II *(deuxième moitié du Bélier en II),* deuxième maître *(moins important quand même) de la VII (Scorpion en VII).*

Maintenant que nous commençons à comprendre, notre analyse devient plus globale.

### 1) Première analyse

- L'énergie de Juliette s'exerce principalement dans le secteur du mental, de la communication, du commerce *(Mars en III).*
- Cette énergie ne fait qu'un avec Juliette puisque Mars est maître de la I. Juliette manifeste donc la partie énergique de sa personnalité dans ce secteur. Juliette passe à l'acte facilement pour prendre contact, téléphoner, envoyer des fax, se faire faire un press-book, etc.
- Cette énergie est rendue féconde et puissante grâce au trigone que lui envoie Pluton *(puissance de Pluton)* l'argent lui facilite la tâche *(Pluton en VIII).*

- Elle se relie favorablement au secteur du travail par le sextil à Neptune, Soleil en VI, Neptune envoie de l'intuition à l'énergie martienne.
- Mais elle peut être freinée par moments par Saturne qui lui envoie un carré *(des blocages interviennent dans les rapports avec les autres, soit de la part de Juliette qui se rétracte, soit de la part des autres qui manifestent une certaine hostilité).*
- Enfin, le fait que Mars soit en Verseau lui donne une énergie plus cérébrale et nerveuse que musculaire.
- Mars est également maître de la II, une partie du travail de Juliette se manifeste dans le secteur du commerce et de la communication. Juliette dépense de l'argent pour la partie commerciale de son travail.

### 2) Deuxième analyse

- Mars n'est pas en domicile. Il dépend d'Uranus qui se trouve en VII conjoint à Mercure. L'action de Juliette dans le secteur du commerce dépend donc de ses rapports originaux et inventifs avec les autres *(sens d'Uranus en VII).*
- Ces rapports sont d'autant plus habiles qu'Uranus est conjoint à Mercure.
- Uranus, étant en Scorpion, dépend de Pluton, qui dépend lui-même de Vénus, qui à son tour dépend de Saturne et ainsi de suite. Nous voyons que tout se tient jusqu'à présent dans le destin de Juliette les contacts, le public, les contrats, la réussite, le succès, les finances.

Sur dix planètes, sept sont étroitement dépendantes les unes des autres et l'enchaînement de ces planètes se termine en définitive avec Vénus et Saturne qui vont donc jouer un rôle capital dans le destin de Juliette. Reste toutefois un autre groupe de planètes qui entrent dans un autre enchaînement : il s'agit du Soleil, de Neptune et de Jupiter.

## D. Partons du soleil

Nous n'avons plus besoin de découper le raisonnement en tranches. Nous raisonnons dorénavant en astrologues avertis. Le Soleil se trouve conjoint à Neptune en VI en Sagittaire. Cette conjonction est en sextil, d'un côté à Pluton, de l'autre à Mars. Le Soleil est en Sagittaire : la personnalité de Juliette est enthousiaste, extravertie, aventureuse, d'autant que nous avons trois planètes dans ce signe *(Jupiter, Soleil et Neptune).* Neptune, par sa conjonction au Soleil, ajoute son idéalisme, ses aspirations religieuses, mystiques ou artistiques, d'autant qu'il est le premier maître de la III *(fin des Poissons au début de cette maison),* ce qui donne à Juliette un mental artistique.

Enfin Pluton et Mars, par leurs sextils, apportent à la personnalité de Juliette leur puissance fécondante et active. Les aspirations de Juliette vont se réaliser en priorité dans le secteur du travail *(Soleil en VI).* Elles se réaliseront grâce à un apport financier *(Pluton en VIII)*, grâce également à son sens du commerce et à l'énergie qu'elle déploie dans les différentes moyens de communication *(Mars en III).* Neptune, en deuxième domicile en VI, donne de l'importance à un travail neptunien.

Le Soleil dépend de Jupiter qui est en domicile en Sagittaire en V.

Le secteur du spectacle, de la création artistique est donc mis en valeur, d'autant que, d'une part, Jupiter est la planète des acteurs, et que, d'autre part, elle indique dans quel secteur la chance se manifeste. Les probabilités en faveur d'une carrière artistique s'accroissent encore lorsque l'on voit que Jupiter, en tant que deuxième maître des Poissons, vient de la II et de la VI deux secteurs du travail qui se réalisent donc en V, maison dont, par dessus le marché, il a la maîtrise. Voilà, nous avons fait le tour de l'enchaînement des planètes.

Il ne nous reste plus qu'à organiser toutes les données en notre possession, ce qui fera le sujet de la leçon suivante.

## Leçon 13

# L'ANALYSE ORDONNÉE DU THÈME

## A. GARDER À PORTÉE DE LA MAIN LE TABLEAU RÉCAPITULATIF ANNEXÉ À CETTE LEÇON

## B. MONTER LE THÈME

## C. ETABLIR UN PLAN DE DÉPART

**1) Noter les planètes en signes sidéraux en regardant la position des planètes sur le cercle extérieur du diagramme et faire un tableau comme suit :**

## D'après l'exemple du thème de Juliette

| Planète | Signe sidéral | Elément | Domicile | Exaltation |
|---|---|---|---|---|
| Soleil | Sagittarius | Feu | non | non |
| Lune | Capricornus | Terre | non (exil) | non |
| Mercure | Scorpio | Eau | non | non |
| Vénus | Capricornus | Terre | non | non |
| Mars | Aquarius | Air | non | non |
| Jupiter | Sagittarius | Feu | oui (1er) | non |
| Saturne | Libra | Air | non | non |
| Uranus | Scorpion | Eau | non | non |
| Neptune | Sagittarius | Feu | oui (2ème) | non |
| Pluton | Libra | Air | non | non |

### A partir de ce plan :

***a) Compter les éléments. Chercher une dominante.***

- Feu. Trois : **Soleil, Jupiter, Neptune.**
- Air. Trois : **Mars, Saturne et Pluton.**
- Terre. Deux : **Lune, Vénus.**
- Eau. Deux : **Mercure, Uranus.**

Nous avons donc trois feu et trois air ce qui fait une dominante masculine, active, *(six planètes en signes masculin)* bien qu'il n'y ait pas de déséquilibre puisqu'il y a deux terre et deux eau ce qui fait quatre planètes en signes féminins.

Il n'y a pas de dominante élémentaire.

***b) Noter les planètes en domicile.***

- Jupiter en premier domicile.
- Neptune en second domicile.

S'il n' y a pas de planète en domicile, on note "pas de planète en domicile".

***c) Noter s'il y a un amas planétaire en signe*** *(à partir de trois planètes dans un même signe).*

Il y en a un. Il est en Sagittarius, puisque nous avons trois planètes dans ce signe : le Soleil, Neptune et Jupiter.

Nous notons donc qu'il y aura une forte polarité **Sagittaire chez Juliette.**

**2) Compter le nombre de planètes à l'Est** *(du côté de l'Ascendant par rapport à la ligne MC-FC)* et le nombre de planètes à l'Ouest *(du côté du Descendant).*Une dominante Est indique que le sujet est d'avantage axé sur lui-même et une dominante à l'Ouest indique que le sujet se préoccupe d'avantage des autres, a besoin d'eux.

Ici, nous avons une seule planète à l'Est : Mars

Vénus qui se trouve exactement au MC n'est ni à l'Est ni à l'Ouest. Toutes les autres sont à l'Ouest.

Juliette est donc très axée sur les autres, d'autant qu'il y a trois planètes en VII.

**3) Compter les planètes situées au-dessus de l'horizon et au-dessous de l'horizon.**

Une majorité de planètes sur l'horizon indique une plus grande facilité à extérioriser les potentialités du thème.

Une majorité de planètes sous l'horizon indique une plus grande richesse au niveau de la vie intérieure.

Ici, nous avons six planètes au-dessus de l'horizon et quatre en-dessous. Juliette est d'avantage attirée par la vie au grand jour que par la méditation.

Elle n'aura pas de mal à extérioriser ses potentialités.

**4) Chercher s'il y a un amas planétaire en maison.**

Il y en a un en VII, puisque nous trouvons trois planètes dans cette maison : Uranus, Mercure et Saturne.

Nous concluons que **les contacts auront une grande importance dans la vie de Juliette.**

*Remarquons au passage que l'on peut trouver trois planètes dans un même signe sans qu'elles soient dans la même maison et inversement.*

### 5) Chercher s'il y a des planètes angulaires.

- Il n'y en a pas à l'ASC.
- Il y en deux au MC : Vénus et la Lune qui sont en conjonction.
- **Trois au DS :**
- D'une part, Uranus et Mercure en conjonction et qui viennent juste de se coucher. Elles sont très fortes du fait de cette position très angulaire.
- D'autre part, Saturne, en position beaucoup moins forte, car en fin de coucher.
- Il n'y en a pas au FC.

**NOUS CONCLUONS QUE NOUS AURONS :**

**Une première polarité apportée par la conjonction Vénus-Lune au MC.**

Cette polarité va donner une dominante très artiste à la personnalité de Juliette, qui sera charmeuse et imaginative. De plus, du fait de sa position au MC, cette dominante orientera la profession, le destin, dans cette direction.

**Une deuxième polarité apportée par la conjonction Uranus-Mercure.**

Cette conjonction apporte une autre facette à la personnalité de Juliette, une polarité cérébrale, rapide, nerveuse qui se manifestera de préférence dans les contacts avec les autres. Elle indique donc des dons pour la communication, d'autant qu'Uranus et Mercure sont justement des planètes de communication.

**Une troisième polarité apportée par Saturne encore au DS.**

Cette polarité apportera une touche plus sombre à la personnalité de Juliette. Nous en reparlerons au paragraphe suivant.

## D. GROUPER LES ÉLÉMENTS ALLANT DANS LE MÊME SENS AU NIVEAU DE L'INTERPRÉTATION

Le plus simple est de partir des polarités données par les planètes angulaires et de grouper autour de ces polarités les éléments allant dans le même sens.

### 1) Partons donc pour commencer de la conjonction Vénus-Lune au MC (vie publique).

Cette conjonction donne un premier pôle de la personnalité de Juliette, à savoir une personnalité artiste.

Quels sont les éléments allant dans le même sens ?

- **L'ASC Taureau**
- **La conjonction Neptune-Soleil en VI** *(le travail).* Cette conjonction, on l'a vu, apporte une personnalité idéaliste, poète, rêveuse, mystique. Toutes choses qui favorisent la vie artistique.
- **Jupiter en V** *(la scène)* qui favorise la créativité, le domaine du spectacle.

Nous avons donc groupé : La conjonction Vénus-Lune au MC, la conjonction Soleil-Neptune en VI, l'ASC Taureau et Jupiter en V.

#### PREMIÈRE CONCLUSION :

Cinq planètes plus l'ASC convergent vers une première facette de la personnalité de Juliette, **une personnalité artistique.**

Cet aspect de la personnalité de Juliette se manifestera essentiellement dans sa vie publique, dans son travail et sur scène.

## 2) Partons de la conjonction Uranus Mercure au DS.

Cette conjonction donne à Juliette, on l'a vu, une polarité nerveuse cérébrale rapide. Elle donne de plus des dons pour les contacts, un besoin de contacts, contacts qui joueront un rôle forcément important dans son destin.

### QUELS SONT LES ÉLÉMENTS ALLANT DANS LE MÊME SENS ?

- **Mars en Verseau en III** qui donne un mental vif et nerveux très actif, ainsi qu'une grande énergie au service de la communication. Cette polarité est d'autant plus forte que Mars dépend d'Uranus, qui, d'une part, maîtrise la III, secteur de la communication, et, d'autre part, occupe la VII, secteur des rapports avec les autres.
- **L'amas planétaire en VII** *(Mercure, Uranus, Saturne)* qui, en donnant de l'importance à cette maison, accentue l'importance des contacts.
- **L'amas planétaire en Sagittarius** *(Jupiter, Soleil, Neptune)* qui donne à Juliette une personnalité extravertie, qualité qui va dans le même sens que la conjonction Mercure-Uranus, en ce qui concerne l'importance des contacts.

### DEUXIÈME ET TROISIÈME CONCLUSION :

- **TROIS ÉLÉMENTS :** Mars en Verseau en III, Mercure et Uranus angulaires en VII, se groupent pour donner une autre facette à la **personnalité de Juliette : nerveuse et rapide.** Cette facette se manifestera particulièrement dans le domaine des tractations commerciales et des rapports avec les autres.

- **SEPT ÉLÉMENTS :** Mars en Verseau en III; Mercure, Uranus, Saturne en VII; Jupiter, Soleil, Neptune en Sagittaire, en V et VI se groupent pour donner une troisième facette à la personnalité de Juliette, **une personnalité tournée vers les autres :** que ce soit dans l'entourage immédiat et les échanges par téléphone, fax, etc *(sens de la III),* dans les associations, contrats et mariages *(sens de la VII),* sur scène avec un public *(sens de la V),* dans le travail quotidien *(sens de la VI).*

Ceci dit, l'amas planétaire en Sagittaire sidéral nous donne une autre polarité aussi importante que celles qui sont données par les planètes angulaires. Cet amas est d'autant plus important qu'il contient le Soleil qui représente le cœur de l'être, ses aspirations profondes.

**QUATRIÈME CONCLUSION :**

Nous découvrons **une autre facette de la personnalité de Juliette enthousiaste, généreuse, aimant le sport et les voyages, tournée vers la spiritualité.**

### 3) Partons de la dernière planète angulaire laissée de côté parce que moins puissante, Saturne en fin de VII.

Saturne va donner à Juliette une polarité plus introvertie, plus méfiante.

Voyons si nous trouvons d'autres éléments susceptibles d'aller dans le même sens. Il y en a un :

- **La conjonction Vénus-Lune en Capricorne au MC.**

La conjonction Vénus-Lune au MC donne de la popularité, de la gaieté, une grande séduction, des capacités artistiques; tous ces éléments étant déterminant dans le destin de Juliette. Cependant, le fait que cette conjonction soit en Capricorne atténue les qualités primesautières de la conjonction Vénus-Lune en position dominante.

Si la Lune n'est pas touchée directement par Saturne dont elle dépend, Vénus l'est, par contre, à cause du carré qu'elle reçoit de son maître. Le charme de Juliette, ses qualités vénusiennes seront freinés à certains moments. Juliette sera mal à l'aise en face de certaines personnes, notamment face à des gens âgés ou d'expérience *(sens de Saturne).* De plus à certains moments, du fait de Saturne en VII, Juliette aura un comportement saturnien, c'est-à-dire morose et méfiant, sans compter des chagrins ou des problèmes d'ordre affectif *(Saturne carré à Vénus).* Heureusement, la conjonction Uranus-Mercure étant beaucoup plus angulaire que Saturne, les bons contacts l'emporteront les trois quarts du temps sur les mauvais et rendront à Juliette sa popularité grâce au sextil de cette conjonction à la Lune.

**CINQUIÈME CONCLUSION :**

Une cinquième facette de la personnalité de Juliette nous montre **un côté plus sombre et méfiant, peut-être même douloureux.**

Arrivés à ce stade, nous voyons qu'il ne nous reste plus qu'une planète qui n'est pas entrée en ligne de compte dans nos investigations, il s'agit de Pluton. Cette planète n'est pas angulaire, mais elle apporte du punch à Mars et à la conjonction Soleil-Neptune. Cependant Pluton est une planète destructrice en rapport avec la mort, et elle se trouve en VIII, maison de la mort. Aussi, bien que cette planète ne soit pas mal aspectée dans le thème, on peut envisager chez Juliette un certain attrait de la mort, pouvant parfois lui jouer des tours.

En résumé, Juliette est une personne extravertie, tournée vers les autres, se dépensant sans compter pour les contacter, pleine de charme, ayant besoin d'exercer son charme publiquement, sur scène dans une expression artistique. Elle est idéaliste, aventureuse, avec un côté mystique et des périodes douloureuses, et bloquée face à certaines personnes. Nous avons donc cerné la personnalité de Juliette; il n'y a plus qu'à cerner son destin.

# Tableau récapitulatif

- Douze signes
- Dix planètes
- Douze maisons

# TABLEAU RECAPITULATIF

## DOUZE SIGNES

| | | |
|---|---|---|
| Bélier | la tête | Il fonce |
| Taureau | le cou | Il laboure |
| Gémeaux | les bras | Il s'amuse |
| Cancer | l'estomac | Il materne |
| Lion | le cœur | Il règne |
| Vierge | les intestins | Elle raisonne |
| Balance | les reins | Elle juge |
| Scorpion | le coccyx | Il pénètre |
| Sagittaire | les cuisses | Il s'élance |
| Capricorne | les genoux | Il réfléchit |
| Verseau | les chevilles | Il invente |
| Poissons | les pieds | Il prie |

## DIX PLANÈTES

| | | |
|---|---|---|
| Le Soleil | Aspiration, orgueil | Il donne de l'éclat |
| La Lune | Réceptivité, passivité | Elle féminise |
| Mercure | Agilité, rouerie | Il rend ingénieux |
| Vénus | Amour, luxure | Elle embellit |
| Mars | Action, agressivité | Il dynamise |
| Jupiter | Chance, prétention | Il épanouit |
| Saturne | Réflexion, frein | Il contrôle |
| Uranus | Originalité, ruptures | Il invente |
| Neptune | Inspiration, confusion | Il sensibilise |
| Pluton | Puissance, destruction | Il pénètre |

## DOUZE MAISONS

| | | |
|---|---|---|
| I ASC | Maison I | Personnalité |
| II | Maison II | Travail lucratif |
| III | Maison III | Mental, petits voyages |
| IV MC | Maison IV | Profession, vie publique |
| V | Maison V | Créations, spectacles |
| VI | Maison VI | Travail,santé. |
| VII DESC | Maison VII | Contacts associations |
| VIII | Maison VIII | Mort, héritages |
| IX | Maison IX | Idéologie, grands voyages |
| X FC | Maison X | Hérédité, fin de la vie |
| XI | Maison XI | Projets, amis |
| XII | Maison XII | Epreuves, secrets |

## LES MAITRISES

| | | |
|---|---|---|
| Le Soleil | est Maître du Lion | |
| La Lune | est Maîtresse du Cancer | |
| Mercure | est Maître de la Vierge et Gémeaux | |
| Vénus | est Maîtresse du Taureau et Balance | |
| Mars | est 1er Maître du Bélier, | 2ème maître du Scorpion |
| Jupiter | est 1er Maître du Sagittaire, | 2ème maître des Poissons |
| Saturne | est 1er Maître du Capricorne, | 2ème maître du Verseau |
| Uranus | est 1er Maître du Verseau, | 2ème maître du Capricorne |
| Neptune | est 1er Maître des Poissons, | 2ème maître du Sagittaire |
| Pluton | est 1er Maître du Scorpion, | 2ème maître du Bélier |

# Leçon 14

# LE DESTIN

Vous avez maintenant tous les éléments en main pour analyser les différents secteurs du destin profession, amour, santé, voyages, amis, ennemis, etc. Comme l'analyse détaillée de chaque secteur nécessiterait un volume bien rempli, je vais simplement vous donner le plan à suivre pour chacun des principaux secteurs et je terminerai en détaillant un des domaines qui nous intéresse tous particulièrement : je veux parler de celui de la vie amoureuse.

## A. PLAN POUR TROUVER LA PROFESSION

### ON CONSIDÈRE :

- Globalement la personnalité du sujet. C'est ce que nous avons fait dans la leçon précédente.

### Spécifiquement :

## 1) Le Milieu du Ciel

- Les planètes occupantes, s'il y en a.
- Les signes.
- Les maîtrises.
- L'enchaînement des planètes qui nous fera aboutir soit à une planète en domicile ce qui donnera une première indication, soit à deux ou trois planètes qui se commanderont les unes les autres.

## 2) Le Soleil

Parce qu'il représente les aspirations du sujet. On étudiera sa position en signe en aspect et en maison..

## 3) La maison II

Parce qu'elle représente le travail rémunérateur.

On l'étudiera de la manière indiquée pour le MC.

## 4) La maison VI

Parce qu'elle représente le travail quotidien.

On l'étudiera de la même manière que les maisons précédentes.

## 5) Un amas planétaire éventuel, en signe ou en maison.

### La profession de Juliette

Dans les leçons précédentes, nous avons déjà pratiquement fait le tour de la question. Nous avons étudié le MC, la maison VI, le Soleil et les amas planétaires, ce qui nous a d'ailleurs fait passer par la VII et la VIII.

### Restait la maison II

Examinons-la donc pour voir si elle va dans le sens déjà indiqué.

- Elle est vide de planète.
- On y trouve une partie du Bélier et une partie des Poissons.
- Cherchons donc les maîtres de cette maison.

- **Mars,** premier maître du **Bélier,** est en III, secteur du commerce, et du mental. Etant en Verseau, il dépend d'Uranus, qui lui se trouve en VII. Uranus dépend de Pluton, qui dépend de Vénus, qui elle- même dépend de Saturne et on se trouve en fin de course avec les circuits déjà bien connus de ce thème.
- **Pluton,** deuxième maître du **Bélier,** se trouve en VIII, secteur des contrats financiers mais aussi de l'occulte. Cependant il est en Balance, signe d'art, et non d'occultisme. Il dépend de Vénus au MC qui elle-même dépend de Saturne, etc... Avec ces deux planètes, nous retrouvons les mêmes indications que dans l'étude générale du thème : sens du commerce, mental nerveux et agile, importance des contacts, du public et des contrats financiers en passant par une popularité artistique.
- **Neptune,** premier maître des **Poissons,** est en VI, conjoint au Soleil en Sagittaire, en deuxième domicile. Il indique donc que le travail rémunérateur se fait au quotidien dans un domaine artistique, d'autant qu'il dépend du premier maître du Sagittaire, Jupiter, lui-même deuxième maître de la II et se trouvant en domicile en V, secteur des arts et du spectacle. Le destin de Juliette s'oriente donc très nettement vers une profession artistique.

## B. Plan pour étudier le secteur financier

**On considère :**

### 1) La maison II.

- Le Soleil dans cette maison favorise ce domaine. Le natif étant en général fort intéressé par l'argent.

- **JUPITER,** le grand bénéfique, apporte de grandes possibilités, de la chance, surtout s'il est bien aspecté, mais avec trop de dépenses, s'il est mal aspecté.

Cependant le natif est à peu près assuré de ne pas finir sous les ponts.

- **VÉNUS** apporte également de la chance.
- **NEPTUNE** peut apporter des coups de chance mais également de la confusion dans ce domaine qui peut être mal géré.
- **MERCURE** apporte de l'ingéniosité mais pas forcément beaucoup d'argent.
- **SATURNE,** planète de restriction, apportera donc des restrictions dans ce domaine. Le natif aura particulièrement intérêt à chercher à gagner de l'argent suivant les indications de Saturne en II *(recherche ou immobilier). (Voir la leçon sur les planètes en maisons).*
- La **LUNE** apportera beaucoup de fluctuations, l'argent dépendant souvent d'un public ou d'une clientèle.
- **URANUS,** des changements brusques.
- **PLUTON,** de très grosses sommes mais aussi de grosses pertes. Cela dépendra des aspects le reliant aux autres planètes du thème.

Naturellement, on regardera les planètes maîtresses de cette maison. On regardera si elles sont bénéfiques par elles-mêmes.

Les aspects qu'elles reçoivent et de qui elles dépendent.

## 2) La maison VIII.

Elle représente l'argent des contrats *(par opposition à la II qui donne plutôt un salaire fixe),* l'argent des héritages, du conjoint ou des associés, ou encore l'argent gagné à la loterie.

Comme c'est également la maison des pertes, il faudra être attentif aux mauvais aspects reçus par les planètes se trouvant dans cette maison.

### 3) Les aspects formés par Pluton et Jupiter.

Les bons sont favorables à la richesse.

## C. Plan pour étudier le domaine de la santé

**On regarde :**

### 1) Au niveau des planètes.

- Le Soleil qui représente la vitalité.
- Mars et Pluton qui représentent l'énergie et les blessures.
- La Lune qui représente l'émotionnel et la santé.

### 2) Au niveau des maisons.

- La I qui représente le tempérament.
- La VI qui représente la santé et les maladies aigües.
- La XII qui représente les maladies chroniques et les hospitalisations.
- La VIII qui représente les maladies susceptibles de donner la mort.

## D. Plan pour étudier le domaine des enfants

**On regarde (pour une femme) essentiellement**

**La Lune - Vénus - Neptune** et on examine si ces planètes sont dans des signes fertiles et si elles sont bien aspectées.

Signes fertiles sont : **Poissons, Cancer, Sagittaire, Taureau.**

Les signes stériles sont : **la Vierge, le Capricorne.**

Signes donnant lieu à des naissances doubles ou multiples : les Gémeaux *(sidéral bien entendu).*

Signes ni féconds ni stériles : **Scorpion, Verseau, Lion, Balance.**

## E. PLAN POUR ÉTUDIER LE DOMAINE DE L'AMOUR ET DU MARIAGE

### L'AMOUR

***a) Pour les hommes et les femmes :***

- **La maison V. Domaine des passions et des plaisirs.**
- **Vénus** analysée en signe et en aspect donne des indications sur le comportement amoureux et l'archétype du partenaire amoureux.

Vénus en maison donne des renseignements sur les circonstances de la rencontre.

- **Pluton** donne des indications sur la sexualité.

***b) Pour les femmes, on regarde en plus :***

- **Le Soleil** qui va donner des indications sur l'archétype du mari.

***c) Pour les hommes on regarde en plus :***

- **La Lune** qui représente l'archétype de l'épouse.

### LE MARIAGE

**Le mariage est représenté par la maison VII.**

Il faut donc examiner cette maison et son maître pour voir s'il y aura mariage et quelles seront les caractéristiques de ce *(ou ces)* mariage.

- Une planète comme **JUPITER** ou le **SOLEIL** en VII permettra un mariage contribuant à l'élévation sociale.
- La **LUNE** dans cette maison peut donner plusieurs mariages *(la Lune représente la multiplicité).*
- **MERCURE** peut donner un mariage de raison ou bien un mariage instable s'il est mal aspecté.

- **Vénus** a des chances de donner un mariage d'amour.
- **Mars,** un mariage décidé impulsivement. Mal aspecté, il risque de déboucher sur des bagarres ou des procès.
- **Saturne,** planète des restrictions et des retards, peut donner des difficultés à réaliser une union. Le mariage peut être tardif. Si Saturne est bien aspecté, il sera solide et stable.
- **Uranus** donne un mariage original, hors des sentiers battus ou encore décidé abruptement. Il annonce souvent plusieurs mariages..
- **Neptune** donne un mariage romanesque, s'il est bien aspecté. Basé sur l'illusion, s'il est mal aspecté.
- **Pluton** donne un mariage transformant radicalement l'existence du sujet.

Le signe dans lequel se trouvera la planète, modulera bien entendu la coloration de la planète.

Si la planète en VII n'est pas en domicile, on examinera son maître et l'enchaînement des planètes

S'il n'y a pas de planète en VII, on examinera le signe dans la maison VII et son maître.

## L'amour et le mariage dans le thème de Juliette

Etant donné qu'il s'agit d'un sujet féminin nous examinerons :

### Au niveau du mari :

Le Soleil, la VI (le conjoint).

- Au niveau de l'archétype amoureux : Vénus.
- Au niveau de la sexualité :Vénus et Pluton.
- Au niveau du mariage proprement dit : la VII.

## LE MARI DE JULIETTE *(Figure 1 ci-contre)*

### LE SOLEIL

Le Soleil est dans le Sagittaire, conjoint à Neptune et en sextil à Pluton.Il donne à Juliette un idéal de mari type Sagittaire modulé par Neptune et en deuxième position par Pluton.

Juliette épousera donc probablement un homme aimable, aimant les voyages, expansif, s'intégrant bien dans la société *(Soleil en Sagittaire),* idéaliste, un peu mystique, sensible, artiste, intuitif *(conjonction de Neptune au Soleil)* mais gardant la maîtrise de sa sensibilité et s'intéréssant à la sexualité *(sextil de Pluton).*

Enfin, le mari de Juliette viendra probablement de l'étranger, puisque le Soleil est maître de la IX *(occupée par le Lion).*

### LA VI ET LE MAÎTRE DE LA VI

Ici, la VI et le maître de la VI vont renforcer les caractéristiques du Soleil puisque le Soleil est dans la VI et dépend de Jupiter en domicile. La VI et son maître indiquent également un conjoint type jupitérien.

## L'ARCHÉTYPE DE JULIETTE

### VÉNUS

Vénus est en Capricorne, carré avec Saturne, donne à Juliette un côté méfiant et réservé dans son comportement amoureux. La conjonction Vénus-Lune lui donne de l'imagination et de la fantaisie dans son comportement amoureux mais cette imagination et cette fantaisie peuvent parfois se bloquer, à cause du carré de Saturne. Juliette aurait tendance à rêver d'un partenaire réservé et plus âgé ou ayant plus d'expérience qu'elle *(Vénus en Capricorne)* tout en étant populaire, voire connu *(conjonction à la Lune).*

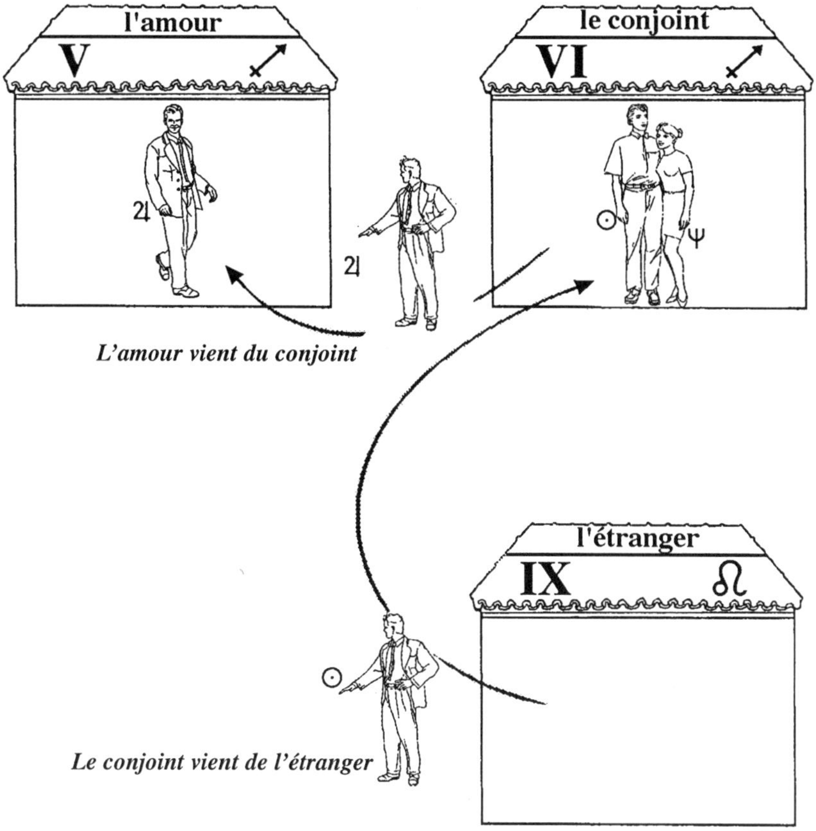
l'amour
V
le conjoint
VI
L'amour vient du conjoint
l'étranger
IX
Le conjoint vient de l'étranger

### La maison V

En V dans le thème de Juliette se trouve Jupiter en Sagittaire, maître de la V. Juliette peut donc tout de même prendre son plaisir franchement, surtout avec des Jupitériens.

De plus, Jupiter étant en domicile dans la maison de l'amour, et comme c'est de lui que dépend le mari représenté par le Soleil, Juliette en définitive fera un mariage d'amour avec un jupitérien.

### Pluton

Pluton n'est pas en aspect avec Vénus. Par contre, il est en VIII une maison qui lui convient bien en ce qui concerne la sexualité.

### La maison VII

**Elle est occupée :**

- d'une part, par la conjonction Uranus-Mercure en Scorpion, sextil à la Lune représentante du foyer.
- d'autre part, par Saturne en Balance, carré à Vénus, planète de l'amour.

Mercure et Uranus dépendent de Pluton. Pluton en Balance dépend de Vénus. Quant à Vénus, elle dépend de Saturne, qui dépend de Vénus... Vénus est conjointe à la Lune qui est en sextil à Uranus-Mercure.

On peut supposer que Juliette mettra un certain temps avant de se marier à cause de ses difficultés à trouver l'âme sœur *(Saturne en VII, carré à Vénus).* Et ce, malgré un désir impulsif de fonder un foyer *(Uranus-Mercure en VII, sextil à la Lune),* car la création de son foyer passant par Vénus passe obligatoirement par l'amour. Elle oscillera donc entre un besoin de se marier sur un coup de tête et le besoin de faire un mariage d'amour *(lequel risque d'être retardé),* puisque ce mariage est inscrit dans son thème.

La Lune, bien reliée à la conjonction Mercure-Uranus, raccourcira le temps d'attente, bien que la Lune soit en Capricorne.

Le mariage se fera avec un jupitérien qui lui procurera bien du plaisir après quelques attraits malheureux pour un ou plusieurs partenaires plus âgés.

## Conclusion

**JULIETTE épousera donc un jupitérien qui répondra en partie à son idéal amoureux. Vénus n'étant pas en aspect avec Jupiter, il n'y aura pas véritablement de grosses difficultés (pas de véritable antinomie entre l'idéal du mari et l'idéal de l'amant).**

**Cependant, une partie de son rêve amoureux aura du mal à se réaliser puisqu'elle recherchera parallèlement des partenaires saturniens, mais ceux-ci, on l'a vu à partir de l'étude générale de son thème, ne lui seront pas vraiment bénéfiques (le carré de Saturne l'indique clairement).**

## Leçon 15

# LES ÉTOILES, UN PLUS POUR L'INTERPRÉTATION

D'après la Tradition, les étoiles, que les Anciens appelaient les "fixes" par rapport aux planètes, jouent un rôle très important en astrologie. Développer le rôle des fixes en totalité nécessiterait un ouvrage entier. Aussi n'est-il pas question de se lancer dans ce vaste domaine de l'astrologie dans cet ouvrage de base. Cependant, il me paraît intéressant de vous apprendre à en utiliser quelques unes parmi les principales *(les Anciens nous ont laissé des aphorismes pour environ 300 étoiles),* d'autant que leurs résultats peuvent être spectaculaires.

**Voici tout d'abord qui elles sont :**

### 1) Les quatre étoiles royales de l'antiquité :

- **ANTARÈS,** le cœur du Scorpion, à 15° du Scorpion sidéral.

- **Aldébaran,** l'œil du Taureau à 15° du Taureau sidéral.
- **Fomalhaut** ou la **Claire** du Verseau, à 9° du Verseau sidéral.
- **Regulus** le cœur du Lion à 5° du Lion sidéral.

**2) Viennent ensuite :**

- **Spica,** l'épi de la Vierge qui marque la fin de la Vierge sidérale.
- **Vega,** l'étoile de la constellation de la Lyre à 20°34 du Sagittaire sidéral.
- **Sirius,** l'étoile de la constellation du Chien à 20° des Gémeaux sidéral.

**3) Viennent encore :**

- **Algol** ou la tête de la Méduse à 1° du Taureau sidéral.
- Les **Pleiades** à 5° du Taureau sidéral.
- **Procyon** l'étoile du Petit Chien à 1° du Cancer.
- **Altair,** l'étoile de l'Aigle à 7° du Capricorne.

## Comment les placer sur le thème

Comme il est prudent, lorsque l'on commence à utiliser les fixes, de n'en utiliser qu'une petite quantité, je me suis arrêtée à onze étoiles. De plus, afin de vous faciliter l'existence, je vous les ai placées sur le diagramme ***(figure 1 page 254).***

Le jour où vous déciderez d'utiliser les fixes, vous n'aurez donc qu'à tracer votre thème sur ce diagramme. Vous pourrez voir d'un seul coup d'œil si l'une de ces étoiles se lève, culmine, se trouve en conjonction avec une planète ou en aspect.

Ceci dit, ne tracez pas les aspects d'une planète avec une étoile, cela surchargerait votre thème. Contentez-vous de noter ces aspects.

*Figure 1*

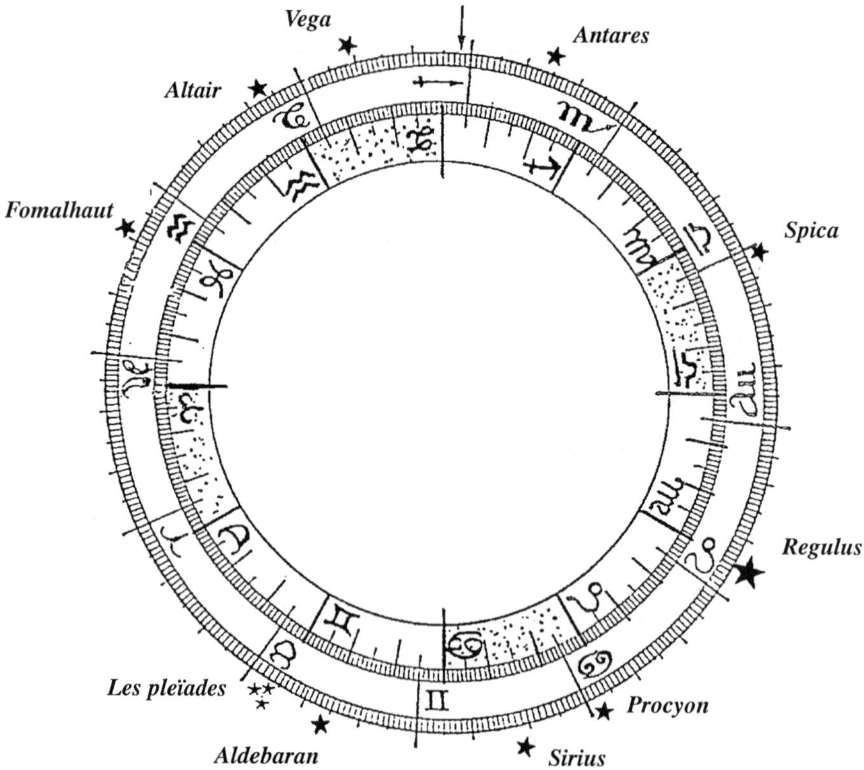
Vega
Antares
Altair
Fomalhaut
Spica
Regulus
Les pleïades
Procyon
Aldebaran
Sirius

## SIGNIFICATION ASTROLOGIQUE DE CES ONZE ÉTOILES PRINCIPALES

### VEGA

Vega est l'étoile de la lyre, constellation située près du pôle nord mais se projetant sur le zodiaque à la fin du Sagittaire.

C'est une étoile très particulière : d'une part, c'est dans sa direction, à travers les étoiles proches de notre galaxie, que se dirige notre Soleil et son cortège de planètes.

En langage astronomique, on dit que Vega est l'Apex du système solaire. D'autre part, il y a 12. 000 ans, Vega était notre étoile polaire. Elle est l'étoile principale du cercle étoilé décrit par le pôle nord en 25920 ans.

En tant qu'Apex, elle entraîne à sa suite Apollon, le Soleil, et ses neuf muses, les neuf planètes.

Elle est donc en rapport étroit avec la musique des sphères dont parlaient les Anciens. Ceux-ci, en effet, pensaient que les astres, en tourbillonnant et en avançant dans l'espace, produisaient une musique céleste.

**Astrologiquement, Vega va donner des dons et un goût prononcé pour la musique et les arts d'une façon générale.**

Lorsque cette étoile culminera ou se lèvera.

Lorsqu'elle sera en conjonction avec le Soleil, la Lune, Vénus ou Jupiter.

Lorsqu'elle sera en carré *(surtout dans les Poissons)* ou en opposition et en moindre intensité en sextil ou en trigone.

Naturellement, si Vega culmine ou se lève et se trouve de plus en aspect avec plusieurs planètes, l'effet sera plus marqué.

Notons que Jean Sébastien Bach avait le Soleil en Poissons sidéral en carré exact à Vega.

## SIRIUS

Etoile la plus brillante du ciel, elle se trouve en opposition presque exacte avec Vega. Elle indique donc la direction de l'Antapex c'est-à-dire la direction d'où vient le système solaire à travers les étoiles proches.

**Elle donne en général un destin brillant ou hors du commun lorsque le Soleil se trouve conjoint à cette étoile, ou lorsqu'elle se trouve au MC.**

Naturellement, une planète en aspect à Sirius le sera également avec Vega.

## SPICA

Spica, étoile de la Vierge, jouait un rôle important dans l'Egypte ancienne pour l'orientation des édifices religieux. D'autre part, elle est en rapport avec la déesse grecque Déméter, déesse qui enseigna l'agriculture et la civilisation aux hommes ainsi que les "mystères". C'est elle qui fonda les mystères à Eleusis.

**Elle donne en général des dons pour l'agriculture, ou pour l'initiation.**

Elle joue essentiellement lorsque Mercure ou le Soleil y est conjoint ou en aspect fort *(carré)*.

## REGULUS

Cette étoile qui signifie "Petit roi" se nommait autrefois le "Grand roi".

Cette étoile donne surtout, lorsqu'elle est conjointe au Soleil ou lorsqu'elle passe au méridien *(au MC)*, des grosses possibilités d'accéder à des postes d'autorité. Elle permet d'avoir un destin particulièrement brillant.

## FOMALHAUT

Cette étoile se place à l'arrivée du flux qui semble sortir de la cruche du Verseau. Elle symbolise l'inspiration divine.

**Astrologiquement, elle donne souvent une sorte de génie :** elle rend inventif ou inspiré.

Elle agit surtout lorsqu'elle est conjointe avec le Soleil, Mercure, Uranus ou encore lorsqu'elle passe au méridien *(MC).*

## ANTARES

Son nom signifie le rival de Mars. C'est une étoile violente de la nature de la planète Mars. Dans la mythologie mésopotamienne, elle est la demeure d'Ishtar la déesse de l'amour et de Nergal le dieu de la guerre.

**Astrologiquement, elle donne un côté violent,** des capacités combatives très marquées surtout lorsqu'elle est conjointe au Soleil.

Conjointe à Mars ou à Saturne et reliée violemment au Soleil ou à la lune, ou encore au MC, elle fait courir des risques au natif : des risques d'accident par brûlures, par armes blanches, fusils, explosions, etc., ou encore des risques d'hémorragie.

Conjointe ou en carré au Soleil ou à la Lune, elle peut également donner des problèmes de vue..

## ALDEBARAN

L'œil du Taureau. Au MC ou conjointe au Soleil, elle peut conduire au succès mais comme elle est en face d'Antarès, elle peut également faire courir des risques importants au natif ou tout au moins lui susciter de fortes inimitiés.

## ALGOL

Se nommait la tête de la Méduse. C'est une étoile double à éclipses, composée d'une étoile rouge chaude et d'une étoile blanche froide.Elle est dangereuse surtout lorsqu'une planète comme le Soleil ou la Lune est en conjonction avec elle et de plus en aspect violent avec Mars, Saturne ou Pluton; dans ce cas, elle fait courir des risques de mort violente.

Avec Mercure et des mauvais aspects de Saturne ou d'Uranus, elle peut faire perdre la tête, c'est-à-dire donner des troubles mentaux.

## ALTAIR

L'étoile de l'Aigle. Cette constellation, dans sa course diurne, semble emporter au plus haut du ciel Ganymède le héros du Verseau. L'Aigle étant l'oiseau de Jupiter qui justement emporta Ganymède dans l'Olympe pour servir d'échanson pour les dieux. Dans l'antiquité, c'est un aigle missionné par le Dieu Samash, le dieu du Soleil, qui emporta le premier roi, Etana, au plus haut du ciel lui faisant franchir les différentes orbites planétaires.

Cette étoile au MC sur le méridien ou conjoint au Soleil donne au natif, la possibilité de s'élever socialement ou spirituellement suivant les autres indications du thème...

## PROCYON

C'est l'étoile du Petit Chien, appelée encore la "morsure du chien". Cette étoile est censée donner des risques de morsures par des chiens. Certains astrologues disent l'avoir vérifié. Pour ma part, j'ai remarqué qu'elle donnait surtout des risques d'opération chirurgicale ou de blessures. Les organes touchés dépendent de la planète conjointe ou en aspect violent avec cette étoile. Par exemple, Vénus donne des risques d'hystérectomie ou d'ovariectomie, la Lune des risques d'opération à l'estomac, etc..

## LES PLEIADES

L'est le groupe d'étoiles se trouvant au début du Taureau sidéral. Elles donnent souvent aux hommes un côté efféminé ou tout au moins des caractéristiques ordinairement attribuées aux femmes : goût de la parure et des plaisirs. Elles donnent également des dons artistiques. Enfin elles peuvent donner des problèmes aux yeux.

## Leçon 16

# Les Calculatrices Astrologiques

Un bon astrologue doit savoir monter un thème à la main. Mais ce n'est pas une raison, une fois que cela est acquis, pour se priver de ces outils merveilleux que sont les calculatrices astrologiques. Elles libèrent l'astrologue des calculs fastidieux, lui laissant tout le temps de travailler sur l'interprétation.

Les calculatrices sont nombreuses aussi, il s'agit d'acheter la bonne en fonction de l'usage que l'on doit en faire.

### On en distingue de deux sortes

**1) Les calculatrices de poche :**

Toutes petites, toutes plates, elles ne tiennent pas plus de place qu'un petit agenda. On peut les garder en permanence dans son sac ou sa poche et les utiliser à tout moment.

Les prix de ces petites calculatrices varient de 1500 F environ à 2500 F.

Ce sont Astro Top 32K, Infociel Pro, Astro Pocket, chez AUREAS INFORMATIQUE en vente dans les librairies spécialisées.

Ces micro ordinateurs de poche vous calculent un thème en trente secondes en tropical ou en sidéral.

De plus lorsque, par la suite, vous vous perfectionnerez en astrologie, vous y trouverez toutes les données possibles et imaginables vous permettant d'affiner votre interprétation.

**2) Les logiciels professionnels pour micro ordinateur :**

Ces gros logiciels fonctionnent essentiellement sur tous les ordinateurs compatibles IBM PC, XT, AT, PS/1 et PS/2.

Les prix varient d'environ 3000 F à 6000 F.

Ils permettent d'imprimer les thèmes sur une imprimante ou une table graphique, en couleurs ou en noir et blanc.

En ce qui concerne les méthodes préconisées dans cet ouvrage, je vous conseille les logiciels d'AUREAS INFORMATIQUE.

On y trouve, par exemple, la possibilité de tracer le thème avec la double couronne *(le zodiaque tropique et le zodiaque sidéral)* les deux zodiaques se plaçant l'un par rapport à l'autre suivant l'époque donnée.

Si vous possédez un Macintosh : Il existe également de très bons logiciels, ce sont AQUARIUS ET PHENIX AU MÉRIDIEN.

Vous voilà maintenant armés pour la grande aventure astrologique, je souhaite que vous y trouviez le même bonheur que celui que j'y ai trouvé.

# TABLE DES MATIÈRES

# Ouvrages du même auteur

- La vie d'une voyante. L'oeil et les épingles.
  Edition du rocher, 1982.
- L'astrologie des constellations. Prévisions pour 1985.
  Edition Garancière, 1984.
- Le toucher intérieur.
  Editions Souffle, 1987.
- La voyance en 16 leçons.
  Edition Librairie de l'Inconnu, 1993.
- Astrologie. Racines secrètes et sacrées.
  Editions Dervy, 1994.
- Le Grand livre de l'Oracle Belline
  Editions Trajectoire, 1995.
- L'Oracle des Anges
  Editions Librairie de l'Inconnu, 1995.

# BIBLIOGRAPHIE

**RETOUR AU ZODIAQUE DES ÉTOILES**
*JACQUES DORSAN*
ÉDITIONS DERVY, 1980.

★ ★ ★ ★

**LE VÉRITABLE SENS DES MAISONS ASTROLOGIQUES**
*JACQUES DORSAN*
ÉDITIONS LE ROCHER, 1984.

★ ★ ★ ★

**INITIATION À L'ASTROLOGIE SIDÉRALE**
*DENIS LABOURÉ*
ÉDITIONS TRÉDANIEL/PARDÈS, 1986.

★ ★ ★ ★

**ASTROLOGIE, RACINES SECRÈTE ET SACRÉES**
*MARIE DELCLOS*
ÉDITIONS DERVY, 1994.

★ ★ ★ ★

**L'ASTROLOGIE. QUE SAIS JE ?**
*SUZEL FUZEAU BRÆCH*
REVUE AYANAMSA, 1994.

# LIVRES UTILES

## LE GRAND LIVRE DE L'ORACLE BELLINE

**Auteur : Marie Delclos**

L'oracle d'Edmond, plus connu sous le nom d'oracle Belline, est le nom d'un jeu divinatoire de 52 cartes dessinées au XIXème siècle par un voyant de grand talent nommé Edmond. Ce jeu faillit être livré aux flammes, mais sa puissance d'attraction était si forte que le destin, sous les traits d'une vieille dame et d'étranges coïncidences, en décida autrement. Belline, à qui ce jeu échut, discerna sur le champ sa valeur et mettant sa notoriété à son service le fit éditer. En hommage à ce discernement, cet oracle porte le nom de Belline associé à celui d'Edmond.

Ce jeu ne peut laisser indifférent. C'est qu'il n'est pas anodin. Ses images naïves, voire primitives, agissent avec force sur notre cerveau, réveillant nos peurs ancestrales ainsi que nos désirs les plus fous, vraies bombes émotionnelles. Il est donc nécessaire, avant de s'aventurer à les manipuler, de les apprivoiser.

Marie Delclos, qui enseigne depuis de nombreuses années l'astrologie et les tarots, les a analysées pour vous, méthodiquement, faisant apparaître leur symbolique parfaitement traditionnelle, désamorçant ainsi leur pouvoir destructeur.

Vous pourrez alors les utiliser sans risque, pour méditer, vous débarrasser de vos angoisses, libérer vos énergies latentes, maîtriser votre destin et aider les autres. De nombreuses méthodes de tirage permettent sans risque de se tromper, d'aborder toutes les questions sérieuses qui se posent à vous et à votre entourage.

**Prix : 95 F**

## LA VOYANCE EN 16 LEÇONS

**Auteur : Marie Delclos**

L'auteur livre, en seize leçons, ses quinze années d'expérience. Expérience de la voyance qu'elle exerce dans son cabinet parisien, mais aussi de pédagogue, puisqu'elle apprend chaque année à ses élèves à développer ce don universel.

Ouvrage limpide pour permettre à tous ceux qui ont envie de "voir", d'entrer en communication avec les autres.

**Prix : 90 F**

# LivreS UtileS

## TAROT DE LA REUSSITE

**Auteur : Colette Sylvestre**

La réussite dans les entretiens professionnels, les relations affectives ou encore dans tous les rapports au quotidien que nous avons avec notre entourage passent souvent par la communication. Déterminer avec précision vos forces et vos défaillances dans le domaine de la communication mais également découvrir les potentialités et les faiblesses de vos interlocuteurs faciliteront la réalisation de vos projets et une meilleure entente dans votre vie sentimentale et familiale. L'auteur a voulu dans cet ouvrage mettre à votre disposition toutes vos possibilités de chance et de réussite dans votre vie de chaque jour en vous permettant de mieux vous connaître et de mieux comprendre les autres. Pour vous aider, vous trouverez dans ce livre, des tirages précis qu'il vous sera facile d'interroger et qui répondront à toutes vos interrogations. **Prix : 98 F**

## LE VERITABLE TAROT TZIGANE

**Auteur : Tchalaï**

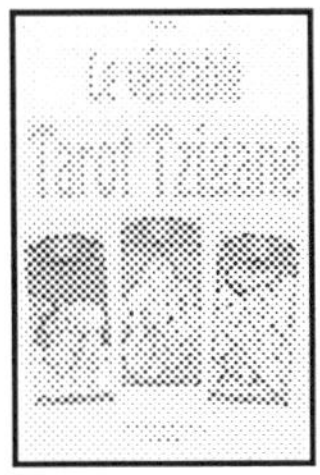

Où est-elle, l'âme des Tziganes, simplement dans celle de leurs violons ? Est-elle dans leurs yeux de diamant noir, leurs cheveux bleus, leurs voix fascinantes et incomprises ? Est-elle sur tous les chemins où ils sont partis ? Dans l'image qu'ils évoquent, feu et vent et eau courante ? Dans les lignes de leurs paumes, qu'ils savent si bien scruter chez les autres ? Dans tous les noms qu'on leur a donnés ? Dans les Royaumes Indiens qu'ils ont quittés ? Dans le "coeur de feu parmi les astres" d'où ils croient venir ? Dans leur mauvaise réputation ? Dans leurs rituels de naissance, leurs recettes de guérison ? Ce livre répond à toutes vos questions. Tchalaï y explique une par une les cartes de son célèbre Tarot Tzigane, donne de nouvelles méthodes de tirages et de très nombreux exemples inédits pour en affiner l'approche, elle vous enseigne dans quelles circonstances l'utiliser et ce qu'il peut apporter d'autre. Vous découvrirez comment la profonde vitalité des "ethnies roms" peut, à travers les images colorées de leur histoire cachée et de leur inconscient, vous révéler le sens de votre présent et jeter des lumières inattendues sur ce qui vous attend. Enfin, vous savourerez au quotidien, dans le creux de votre Ame, la violence et la sagesse qui, du fond des âges, ont guidé les Tziganes dans leur marche sublime et terrible sous les étoiles. **Prix : 95 F**

# LIVRES UTILES

**LE GRAND LIVRE DES ANGES**
**Auteur : Mikaël Hod**

*Les 72 Anges et leur prière -*
*Comment identifier vos - Anges Gardiens - Comment et quand les prier pour obtenir leurs grâces et leur protection en toutes circonstances.*
*A chaque jour son Ange*

"L'Eternel a créé les anges comme intercesseurs naturels entre la créature humaine et son Dieu". L'Eternel Dieu a mis dès votre naissance un certain nombre d'anges à votre service. Ils existent. Ils veillent sur vous. Ils peuvent vous aider à chaque instant de votre vie, pourvu que vous sachiez les invoquer par leur nom. Ce sont eux avant tout autre qui peuvent vous guider vers la réussite spirituelle et matérielle. Connaître leurs noms, c'est connaître les mots de pouvoir qui vous permettront de changer votre vie. Savoir les prier, c'est disposer du levier spirituel le plus puissant qui soit. Les Anges restent pour la plupart des fidèles des religions, des êtres mystérieux dont ils connaissent l'existence, mais dont, en fait, ils savent peu de choses. Pourtant la dévotion aux anges était dans le passé, au moins aussi importante que la dévotion aux saints. Dans ce livre, l'auteur nous propose de redécouvrir cette dévotion aux anges, et plus particulièrement aux archanges des planètes et de la semaine à travers des paraphrases des psaumes. Dans un souci de précision et d'exactitude, il s'appuie sur les documents hébraïques et chrétiens les plus sûrs. Le sepher Ietzirah, le Zohar, les œuvres de Deny, le pseudo aréopagyte (la suprême autorité en matière d'angéologie chrétienne). Le lecteur découvrira également les trois noms des anges qui veillent sur lui ainsi que le moyen d'obtenir leur assistance.

**Prix : 119 F**

**Ces livres sont en vente dans toutes les bonnes librairies ésotériques**

# LivreS UtileS

## MANUEL PRATIQUE D'UTILISATION DU PENDULE EGYPTIEN

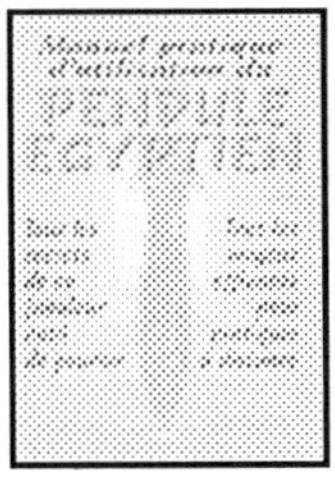

**Auteur : J.L. Caradeau**

L'auteur bien connu comme praticien des sciences traditionnelles et occultes (créateur du pendule des bâtisseurs), vous livre dans cet ouvrage les fruits de son expérience en matière d'utilisation du pendule égyptien. Il vous fait découvrir les étonnantes possibilités de ce pendule, qui en font une "véritable machine à souhaits". Il vous aide à choisir parmi tous les modèles de pendules égyptiens celui qui vous convient le mieux, en fonction de vos objectifs, et de votre tempérament. Il vous explique comment l'associer à la pyramide pour vous "stimuler psychiquement", développer vos capacités personnelles ou pratiquer des soins à distance... En résumé, l'auteur vous livre les techniques permettant de tirer le meilleur parti possible de cet instrument merveilleux qu'est un pendule égyptien. Vous y trouverez également les meilleures méthodes de radiesthésie d'investigation adaptées aux spécificités du pendule égyptien. Tout cela est tellement facile avec l'un ou l'autre des pendules décrits dans ce livre que vous serez capable de le réaliser au bout de seulement quelques jours d'entraînement (si vous n'êtes pas doué), de quelques heures (si vous êtes doué).

**Prix : 110 F**

## LE LIVRE DE L'ORACLE GE

**Auteur : Gérard Barbier**

Voici enfin le livre explicatif du célèbre jeu l'Oracle Gé. L'auteur indique avec précision la valeur de chaque lame ainsi que ses méthodes de tirages. Ce jeu n'est pas réservé exclusivement aux professionnels mais aussi à tout particulier s'intéressant à son avenir ou à celui de ses proches. En effet, chaque carte est très facile d'interprétation, les dessins et figures les composant étant des symboles simples, courants, donc facilement assimilables par tous. C'est en pratiquant que vous vous familiariserez avec ces symboles et ainsi ce jeu pourra vous dévoiler votre avenir et répondre à vos questions. L'interprétation étant simple vous pouvez ainsi, non seulement tirer les cartes aux autres mais aussi à vous-même. Pour tout possesseur de l'oracle Gé ce livre deviendra très vite un outil indispensable.

**Prix : 90 F**

# LivreS UtileS

## L'ORACLE DES ANGES

**Auteur : Marie Delclos**

L'Oracle des Anges a été entièrement conçu et réalisé par un artiste inspiré qui a voulu garder l'anonymat comme il était d'usage autrefois. L'artiste, en effet, s'effaçait devant le pouvoir créateur qu'il considérait comme issu d'une source divine et dont il n'était que l'humble récepteur. Bien que ces trente-six images, du fait de leur grande beauté et de leur symbolisme évident, soient par elles-mêmes suffisamment parlantes, l'éditeur a pensé qu'un livre serait le bienvenu afin d'aider le lecteur à pénétrer dans le royaume des Anges. C'est fait, le voilà.

Marie Delclos, spécialiste de la Tradition et des arts divinatoires, a un long passé de recherches traditionnelles derrière elle, ne se contentant pas d'un savoir théorique mais pratiquant avec virtuosité les différentes techniques divinatoires.

Frappée par la cohérence traditionnelle de cet oracle et par la beauté des images, elle a accepté de mettre son savoir à votre disposition. Elle a mis les oracles en ordre de l'Exil au Retour et a relié chacun d'eux à leurs noms anciens ainsi qu'à leurs concordances traditionnelles. Dans cet ouvrage vous trouverez donc, pour chaque ange, son nom ancien, une explication détaillée du symbolisme de l'image, un point de départ pour méditer, une interprétation divinatoire, quand invoquer l'ange, la voie spirituelle indiquée par l'ange.

Vous pourrez comprendre comment ces anges s'enchaînent de l'oracle 1 à l'oracle 36, de l'Exil au Retour, comment ils forment un chemin de vie spirituelle, depuis l'incarnation de l'âme aspirant à retrouver sa divinité jusqu'à sa réintégration.

Vous trouverez enfin de nombreuses méthodes de tirages concernant la divination et la méditation. Pour terminer elle vous montre comment méditer sur un ange, comment choisir votre ange.

Que l'ange de la Conquête vous guide tout le long de votre Voyage et vous conduise par la main. **Prix : 99F**

Impression : EUROPE MEDIA DUPLICATION S.A.
F 53110 Lassay-les-Châteaux
N° 4133/6479 - Dépôt légal : Novembre 1995

# DIAGRAMME À PHOTOCOPIER

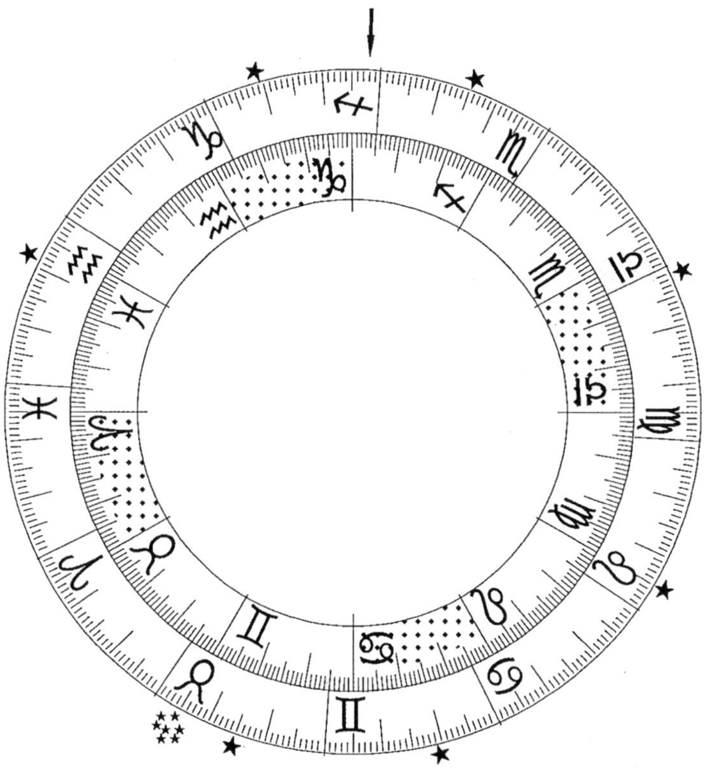